스마트스토어
성공의 조건

구미호 100일 작전

일러두기

이 책에서 나오는 네이버 스마트스토어의 등급 및 SEO 항목, 가중치 등은 글을 쓴 시점을 기준으로 작성한 것이며, 네이버의 정책에 따라 수시로 변동될 수 있음을 참조하시기 바랍니다.

SMART STORE BUSINESS

스마트스토어 성공의 조건

조재상 지음

구미호 100일 작전

리즈앤 북
ries & book

쇼핑몰 사업을 하기에 지금처럼 편리한 세상은 없었습니다. 쇼핑
몰 사업을 하려면 두 가지가 필요합니다. 바로 쇼핑몰과 판매할 상품입
니다.

네이버 스마트스토어를 이용하면 비용 없이 자신의 쇼핑몰을 만
들 수 있습니다. 케이셀러와 같은 유통 플랫폼에서는 판매할 상품을 제
공해 줍니다. 컴퓨터를 다룰 능력과 의지만 있으면, 누구나 쇼핑몰을
운영하여 비즈니스를 시작할 수 있는 편리한 세상입니다.

특히 스마트스토어는 초보자들이 시장 진입하기에 유리한 조건
을 갖추고 있습니다. 자사 몰을 별도로 구축하여 쇼핑몰을 운영한다면,
회원 가입을 시키는 첫 번째 관문을 통과하기가 쉽지 않습니다. 특별한

프
롤
로
그

경우를 제외하면 소비자들은 중소형 쇼핑몰에 개인 정보를 입력하여
회원 가입하기를 꺼리기 때문이지요. 그러나 네이버는 우리나라 사람
들의 상당수가 가입되어 있기 때문에 따로 회원을 확보해야 하는 스트
레스에서 벗어날 수 있습니다.

두 번째 이점은 네이버가 우리나라의 대표적 검색엔진이라는 점
에 있습니다. 상품을 구매할 때 소비자들이 먼저 네이버를 통해 검색할
가능성이 높습니다. 따라서 네이버 플랫폼 내에 위치한 스마트스토어
의 상품이 검색 노출에서 유리한 구조를 가질 수밖에 없습니다.

이와 같은 편리함과 이점 때문에 개인사업자는 물론이고 큰 기업
들까지 스마트스토어를 활용하여 판매하고 있습니다. 그리고 이는 아

주 일반적인 현상으로 자리 잡았습니다. 리스크를 최소화하면서 비즈니스를 시작하려는 초보 사업가들에게 이만한 여건을 갖고 있는 플랫폼을 찾기는 어렵습니다.

그러나 쉽게 시작할 수 있다는 장점의 이면에는 경쟁이 치열하다는 현실적 여건도 존재합니다. 특히 이 책에서 주로 다루게 될 위탁 상품 판매자들은 수많은 경쟁을 이겨내고 성과를 내야 한다는 과제를 짊어지게 됩니다.

일반적으로 스마트스토어 운영자들의 1차 목표는 파워 등급과 빅파워 등급에 도달하는 것입니다. 네이버는 스마트스토어의 매출과 거래건수, 서비스를 점수화시켜 등급을 부여하는데, 씨앗, 새싹, 파워, 빅파워, 프리미엄, 플래티넘 등 6단계로 구분됩니다.

파워 등급은 3개월 평균 거래건수 300건 이상, 매출 800만 원 이상이 기준입니다. 빅파워 등급은 3개월 평균 거래건수 500건 이상, 매출 4천만 원 이상을 달성해야 부여됩니다.

대략적으로 월 평균 1천500만 원 정도의 매출을 달성해야 빅파워 등급을 유지할 수 있습니다. 인건비 개념의 수익이 발생하는 빅파워 등급에 도달해야, 장기적으로 이 일을 자신의 업으로 유지하고 비즈니스를 키워 나갈 인프라가 갖춰지게 됩니다.

이 책은 스마트스토어의 메뉴나 운영 기술을 다루는 책이 아닙니다. 스마트스토어 비즈니스를 인문학적 관점에서 이해해 보기를 바라는 취지에서 쓰여졌습니다. 이를 위해 세 개의 장으로 구성했습니다.

1장에서는 스마트스토어를 ~~~~~~ 를 다루고 있습니다.

스마트스토어를 운영하기 위해서는 네이버에 대한 이해가 선행돼야 합니다. 네이버는 검색엔진입니다. 검색엔진들이 노출 순위를 결정하는 검색엔진 최적화(SEO, Search engine optimization) 프로그램에 부합하게 상품 페이지를 작성해야 합니다. 상품의 제목과 상세페이지, 태그에 들어갈 키워드의 중요성은 아무리 강조해도 지나치지 않습니다.

이와 함께 SEO에 들어 있는 최신성 항목의 어드밴티지를 활용하는 방법을 소개합니다. 최신성 항목은 네이버가 새로 등록한 상품에 대해 일정 기간 동안 노출 순위를 올려주는 혜택입니다. 경쟁이 치열한 위탁 상품을 판매하는 초보 스마트스토어 운영자들의 경우는 시장 진입 자체가 어렵기 때문에, 최신성 항목을 효율적으로 활용해야 한다는 점을 강조합니다.

2장은 씨앗 등급으로 시작하여 파워 등급 및 빅파워 등급에 도달한 사업가들의 실제 사례를 취재한 글과, 100일간의 상품 등록 미션을 완주한 사업가들의 후기로 구성하였습니다. 스마트스토어를 전혀 몰랐던 사실적으로 취재했습니다.

직장생활을 하면서 겸업으로 스마트스토어를 운영하여 성공한 사례, 자영업을 하면서 부업으로 시작한 스마트스토어가 전업으로 바뀐 사례가 등장합니다. 컴퓨터에 문외한이었던 60대 남성이 지난한 노력 끝에 파워 등급에 도달한 과정을 가감 없이 서술합니다.

이들의 사례는, 비즈니스의 방향과 방법을 정확히 설정하고 꾸준히 실천해 낸다면 성공할 수 있다는 사실을 증명합니다. 사례에 나오는 사람들은 이 일에 대해 전문 지식을 공부하거나 남들보다 월등한 자금력을 갖춰 매입 경쟁력을 확보한 사람들이 아닙니다. 스마트스토어를 처음 접한 평범한 사람들이었습니다. 이들의 성공담에 공통으로 흐르는 성공의 해법을 찾아보시기 바랍니다.

3장은 비즈니스를 성공시키기 위해서는 자신만의 비즈니스 철학을 갖춰야 한다는 점을 여러 예시를 통해 주장합니다.

비즈니스는 성공하기도 어렵지만 그 성공을 유지하기도 쉽지 않습니다. 혜성처럼 화려하게 등장했던 기업들이 오랜 시간이 지나지 않아 사라지는 경우를 우리는 어렵지 않게 목격하곤 합니다. 저는 가장 큰 원인을 그 사업가의 '철학의 부재'라고 생각합니다.

경쟁이 치열한 스마트스토어 시장에서 빅파워 등급에 도달하는 성과를 내는 것도, 또 그 성과를 유지하는 것도 궁극적으로는 운영자 자신의 철학에 달려 있습니다. 인건비도 안 나오는 초기 몇 개월간의 고통을 이겨내고 인내심을 발휘하며 미션을 성공하는 것도, 비즈니스 철학이 정립되어 있지 않으면 불가능한 일입니다. 따라서 사업을 키워 나가는 과정은 곧 사업가 자신의 철학적 가치 체계를 완성해 나가는 과정으로 이해해야 합니다.

이 책을 통해 스마트스토어를 성공시키기 위한 지식과 방법을 이해할 수 있습니다. 그러나 이 책을 읽었다고 해서 모두가 성공할 수는 없습니다. 파워와 빅파워 등급에 도달한 사례자들의 성공담이 독자 제위의 이야기가 되기를 기원합니다.

이 책이 세상에 나올 수 있도록 용기를 주고 이끌어주신 리즈앤북 김제구 대표님과 친구 김수종 작가에게 특별한 감사의 인사를 전합니다. 사랑하는 아내 이상진과 자녀들 해림, 인기, 윤선에게 이 책을 드립니다.

2021년 봄

조재상

차례

제3장

스마트스토어
성공의 조건

구미호 100일 작전

1장

스마트스토어 비즈니스의
방향과 방법

01

끝까지 간다

마케팅 하는 사람들이 많이 인용하는 이론 중에 '1만 시간의 법칙
(萬時間의 法則)'이라는 것이 있습니다. 어떤 분야의 전문가가 되기 위해
서는 최소한 1만 시간 정도의 훈련이 필요하다는 이론입니다. 1만 시
간은 매일 3시간씩 훈련할 경우 약 10년, 하루 10시간씩 투자할 경우
3년이 걸립니다.

이 이론은 1993년 미국 콜로라도 대학교의 심리학자 앤더스 에릭
슨(K. Anders Ericsson)이 발표한 논문에서 처음 등장한 개념입니다. 그
는 「베를린 음악학교 연구」라는 논문에서 세계적인 바이올린 연주자와
아마추어 연주자 간 실력 차이는 대부분 연주 시간에서 비롯된 것이며,
우수한 집단은 연습 시간이 1만 시간 이상이었다고 주장했습니다.

이후 2008년 말콤 글래드웰(Malcolm Gladwell)이 쓴 책 『아웃라
이어(Outliers : The Story of Success)』를 통해 널리 알려진 용어입니다.

'한 분야에서 성공하기 위해서는 절대량의 시간을 투입하여야 하되, 그 노력이 성과를 내기 위해서는 의도적 연습을 해야 한다'는 이론입니다.

'티핑 포인트(Tipping Point)'라는 단어가 있습니다. 어떠한 현상이 서서히 진행되다가 작은 요인으로 한순간 폭발하는 것을 말합니다. 단어 그대로 풀이하면 '갑자기 뒤집히는 지점'이라는 뜻으로, 때로는 엄청난 변화가 작은 일에서 시작되어 균형 폭발적으로 번질 수 있음을 의미합니다.

시카고 대학의 교수 그로진스(Morton Grodzins)는 특정 지역에 새로운 인종들이 이주해 오면 기존의 인종들이 다른 곳으로 떠나는 '대도시의 분리(Metropolitan segregation)'가 일어난다고 보았습니다. 흑인 인구가 일정 비중 이상 높아지면 백인 이주 현상인 화이트 플라이트(White flight)의 티핑 포인트가 된다는 것입니다.

말콤 글래드웰이 저서 『티핑 포인트』에서 신발 브랜드 '허시파피(Hush Puppies)'를 티핑 포인트의 예로 들며 마케팅에 많이 활용되고 있는 용어입니다.

헤겔(Hegel, Georg Wilhelm Friedrich)의 변증법에 뿌리를 둔 양질 전환의 법칙까지 소환하고 나서, 제가 하고자 하는 말을 꺼내겠습니다. 물은 온도가 100℃에 도달하면 끓게 됩니다. 100℃ 이전에는 액체 상태이지만 100℃를 넘어가면서 기체로 질적인 변화가 일어납니다. 양이 축적되면 어느 지점을 통과하면서 질적인 변화가 나타난다는 이론입니다.

사회경제 구조의 변화 과정에 적용하면, 혁명이 준비될 때에는 서서히 점진적으로 진행되지만 '양적 변화가 일정한 단계에 도달하면 급격하게 폭발하여 사회 발전에서 질적 비약을 가져온다'는 칼 막스(Karl Heinrich Marx)의 사회주의 혁명론의 주요 근거가 되는 이론입니다.

제가 위의 세 가지 이론을 꺼낸 것은, 우리가 하는 스마트스토어 영업 활동에 완벽히 적용되기 때문입니다. 많은 분들이 케이셀러(Kseller)를 활용하여 스마트스토어 운영을 시작합니다. 그러나 안타깝게도 3개월을 넘기면 처음의 열정을 유지하는 사람은 많지 않습니다.

저는 열 명이 시작하면 끝까지 가서 성공할 사람은 두 명 정도라고 봅니다. 끝까지 가서 성공하는 두 명과 중간에 도태되는 여덟 명. 사실 이것은 인간사를 뛰어넘는 자연계의 법칙입니다.

일례로 계절의 변화를 보면 봄, 여름, 가을에 싹이 트고, 꽃이 피고, 열매가 맺힙니다. 가을에 맺힌 열매에서 나온 씨앗들이 모두 다음 봄에 싹을 틔울 수 있을까요? 자연은 가을 다음에 겨울을 배치했습니다. 그 혹독한 겨울의 시련을 이겨낸 씨앗들만이 다가오는 봄에 새싹을 틔울 수 있습니다. 십중팔구(十中八九)는 자연 상태에서 도태되고, 겨울을 이겨낸 한두 개가 더 훌륭한 유전자로 후대를 이어가게 합니다.

자연계에 겨울이 있다면 인간 세상에는 1만 시간의 법칙이 있습니다. 어떤 일이든 절대량의 시간이 투입되지 않으면 티핑 포인트도, 양질 전환도 일어나지 않습니다.

쇼핑몰을 운영하다 보면, 가끔 어떤 회사의 구매 담당자가 명절 선물로 몇 백만 원어치씩 구매해 주기도 합니다. 기분 좋은 일이죠. 그러나 그 매출은 지속되지 않습니다. 티핑 포인트와 양질 전환의 공통점은, 그 이전과의 질적인 차이라고 할 수 있습니다. 일시적인 매출 상승이 아닌 레벨 업(level up)이 되는 단계가 중요합니다.

이를 위해 필요한 것이 바로 일정량의 시간입니다. 아쉽게도 열 명 중 여덟 명은 절대량의 시간을 투입하지 않고 중도에 포기합니다. 그러나 역설적이게도 중도에 포기하는 사람들이 있기에 끝까지 가는 사람들이 성공할 발판이 마련됩니다. 모두가 끝까지 간다면 아무도 성공하지 못할지도 모릅니다.

스마트스토어, '최소 3년은 해보겠다'는 각오가 있어야 합니다. 매일 정보를 얻고, 스토어를 꾸미고, 고객과 소통해야 합니다. 단순히 시간만 투입하는 것이 아닌, 의도적 노력을 기울였을 때 3년입니다.

경쟁자들이 많다고 걱정되십니까? 전혀 걱정할 필요 없습니다. 여러분이 3년간 묵묵히 티핑 포인트와 양질 전환을 향해 전진할 때 경쟁자라고 생각했던 사람들 중 십중팔구는 모두 포기합니다. 왜냐면 경쟁자는 시도 때도 없이 나타났다고 포기하고 고꾸라짐이 드는 우리 자신일 뿐입니다.

싹을 틔우지 못하고 도태되는 쭉정이가 될 것인가? 시련을 이겨내고 나의 비즈니스 유전자를 후대에 전승할 알찬 씨앗이 될 것인가?

두 번의 변곡점

사업 하는 사람들이 매출 실적 관리를 위해 수치를 표기하는 방법으로 표와 그래프가 있습니다. 표는 숫자의 크기를 직접적으로 판단하기에 용이하고, 그래프는 추세를 판단할 때 직관적입니다. 그래서 사업하는 사람들은 과거의 실적을 리뷰하거나 미래의 성장을 예측하는 수단으로 그래프를 많이 활용합니다.

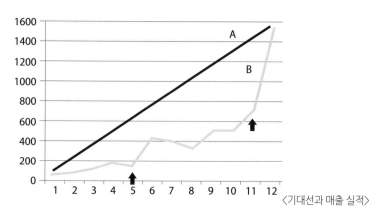

〈기대선과 매출 실적〉

스마트스토어 성공의 조건 구미호 100일 작전

이 그래프는 케이셀러 등 도매 플랫폼의 위탁 상품을 활용, 실제로 1년 만에 3개월 평균 매출 4천만 원을 달성하여 빅파워 등급에 도달한 사업가의 매출 실적을 표시한 것입니다. 그런데 재미 있는 것은, 많은 사람들의 매출 실적을 그래프로 그려 보면 매출 진행의 추이가 대부분 이와 유사한 유형을 보인다는 사실입니다.

그래프에 있는 두 개의 실선 중 A는 사람들이 희망하는 매출의 기대선을 가상으로 표기해 본 것이며, B는 실제 나타난 매출을 그린 것입니다.

A와 같은 매출 그래프를 그린다면 세상에 성공하지 못할 사람은 없을 것입니다. 매출이 매월 상승하면 중간에 포기할 사람도 없을 것이고, 오랜 시간을 투입하지 않더라도 인건비 개념의 수익이 발생하여 백이면 백 모든 사람들이 성공의 대열에 동참할 수 있을 것입니다.

그러나 현실에서는, A와 같은 우 상향 직선의 그래프는 극히 일부를 제외하면 나타나지 않습니다. 주식시장에서 높은 주가 상승률을 기록하는 주식들도, A처럼 우 상향 일직선을 그리는 경우는 찾아보기 어렵습니다. 대부분의 경우 상승, 조정, 횡보, 급등의 추세를 반복하면서 진행됩니다.

연초에 1만 원이었던 주식이 연말에 3만 원으로 3배가 오른 경우라도, 상승과 조정이 반복되면서 횡보하는 기간을 오랫동안 유지하다 급등하여 3만 원에 도달하는 것이지, 하락 없이 일직선으로 상승하는 경우는 거의 볼 수 없습니다. 주식시장에서 의미 있는 상승과

의미 있는 하락이 일어나는 일수는 1년 중 단 7일 정도라는 분석도 있습니다.

이는 인간 사회뿐만이 아니라 자연계에서도 동일하게 나타나는 현상입니다. 겨울에서 여름으로 기온이 올라갈 때도 기온이 일직선으로 상승하지 않습니다. 봄철에 얇은 옷을 입고 출근했다가 갑자기 온도가 내려가 추위에 떨었던 경험이 있을 것입니다. 꽃샘추위입니다. 반대로 여름에서 겨울로 가는 길목도 기온이 일직선으로 하강하지는 않습니다. 며칠씩 따뜻하다가 추워지기를 반복하지요. 삼한사온(三寒四溫)입니다.

자연계든 인간 사회든 추세는 일정하게 유지되지만, 반드시 조정과 횡보의 기간을 거치게 됩니다. 바로 이 조정과 횡보 기간이 성공과 실패를 가르는 중요한 분수령이 됩니다.

그래프를 보면, 검은색 화살표로 표기한 두 번의 변곡점을 확인할 수 있습니다. 첫 번째 변곡점은 스마트스토어를 시작한 지 5개월째 출현했습니다. 매출이 2백만 원 이하에서 횡보의 기간을 거치다가 갑자기 4백만 원대로 올라 파워 등급의 요건을 갖춘 지점입니다.

두 번째 지점은 11개월째 출현했습니다. 파워 등급 이후 상승과 조정을 반복하는 횡보 기간을 거친 후 600만 원대에서 갑자기 1천600만 원으로 가파르게 1천만 원이 상승해서 빅파워 등급을 달성할 수 있는 매출에 도달했습니다. 1천600만 원에 이르는 과정은 상승, 조정, 횡보, 급등을 거쳤지만, 결과적으로 우리 모두가 바라는 우 상향 직선인

A와 만나는 지점에 도달했음을 확인할 수 있습니다.

여기에서의 포인트는, 바로 앞의 그래프에서 나타난 것처럼 1천 600만 원에 도달하는 과정이 A와 같은 일직선 그래프가 아니고 B와 같은 횡보 급등 그래프라는 점입니다. B의 그래프는 반드시 우리에게 인내와 고통과 번민의 시간을 수반하도록 강요합니다.

케이셀러 회원들을 대상으로 분석해 보면, 첫 번째 변곡점에 도달하기까지 열 명 중 대여섯 명이 포기합니다. 몇 개월째 쇼핑몰을 운영했는데도 불구하고 인건비도 안 나오면 의심을 하게 됩니다.

과연 이 일을 통해 안정적인 수익을 만들어낼 수 있을까? 내 인건비가 이 정도밖에 안 된단 말인가? 이건 나같이 능력 있는 사람이 할 일은 아니지…. 여섯 명이 포기하는 이유입니다.

첫 번째 변곡점을 통과한 후 다시 인내심과 노력을 요구하는 구간을 만나게 됩니다. 파워 등급을 달성하고 바로 다음 달에 빅파워 등급에 도달하면 얼마나 좋겠습니까. 그러나 현실은 또다시 번민과 고통의 기간을 필요로 합니다. 이 기간에 두세 명이 포기합니다. 결과적으로 열 명이 시작하면 두세 명 정도가 빅파워 등급에 도달하게 됩니다.

빅파워 등급에 도달하고 나면 몇 가지 변화를 체험하게 됩니다. 스토어의 방문자 수가 확연히 늘어나고, 내가 올린 상품의 노출 순위가 눈에 띄게 올라갑니다. 그동안의 노력보다 더 적은 노력으로도 더 많은 성과를 낼 수 있습니다.

왜 이 같은 현상이 나타날까요?

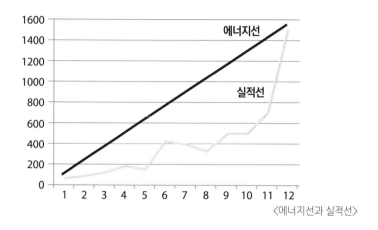

〈에너지선과 실적선〉

위의 그래프는 앞의 그래프와 같은 그래프입니다. 다만 위의 그래프에서는 앞서 A라고 표기했던 것을 '에너지선'으로 바꿨고, B라고 표기했던 것을 '실적선'이라고 바꿨습니다.

에너지선은 눈에 보이지 않는 가상의 선이고, 실적선은 눈에 보이는 매출 실적입니다. 사실 위의 그래프에서 나타나는 실적선을 만들어 내기 위해서는 수많은 노력이 투입되어야 합니다. 매일 스마트스토어 센터에 접속하여 상품을 등록하고, 주문을 처리하고, 리뷰에 답글을 달거나 스마트스토어의 디자인을 손보는 등등 그 노력의 총합이 그대로 에너지선에 쌓이게 됩니다.

네이버의 블로그나 스마트스토어 등은 모두 평가지수에 의해 서열화됩니다. 그 서열의 수치를 '블로그 지수' 혹은 '스마트스토어 지수'라고 표현합니다. 위에서 언급한 에너지선에 블로그나 스마트스토어를 관리하는 노력이 쌓이게 되면 '블로그 지수' 혹은 '스마트스토어 지수'

22

스마트스토어 성공의 조건 구미호 100일 작전

가 올라가게 되고, 그 지수는 노출 순위에 반영됩니다. 어느 순간을 지나면서 내가 쓴 블로그 글이나 스마트스토어의 상품 노출 순위가 확연히 상승하는 것은, 그 지수가 반영된 결과입니다.

에너지가 쌓여야 매출이 늘어난다고 말하면 상당히 추상적인 표현 같아 보이지만, 매일 관리하는 에너지가 쌓여야 노출 순위가 올라가고 매출이 늘어난다는 말은 아주 사실적이고 과학적입니다. 18쪽 그래프에서 확인했던 두 번의 변곡점은 에너지선에 쌓인 노력들이 매출 실적으로 현실화된 것에 다름 아닙니다. 내 스마트스토어 지수가 상승하면서 상품의 노출 순위가 확연히 올라가는 지점에서 두 배 이상의 매출 상승이 가능해지게 됩니다. 이 같은 현상은 스마트스토어뿐만이 아니라 일반적인 비즈니스에서도 똑같이 적용됩니다.

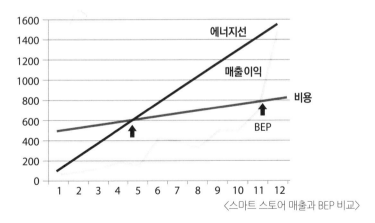

〈스마트 스토어 매출과 BEP 비교〉

위의 그래프는 앞의 그래프를 약간 변형시킨 것입니다. 실적선을 매출 이익선으로 바꿨고, 비용선을 추가했습니다.

스마트스토어 비즈니스의 방향과 방법

사업을 시작하자마자 이익을 내는 사업이 몇이나 있을까요? 위의 그래프에서 보는 바와 같이 비용과 매출 이익이 교차하는 손익분기점(BEP)에 도달하기 전까지는 적자 상태를 유지합니다. 그러나 손익분기점을 통과하는 순간부터는 매출 이익이 영업 이익으로 전환되어 급격한 이익의 증대를 만들어낼 수 있습니다.

다만 여기에서도 BEP라는 변곡점에 도달하기 전까지는 극심한 고통과 인내의 시간이 필요합니다. 이 인내의 시간을 버텨내지 못하면 그동안 투입한 비용만 허비하고 사업이 망하게 됩니다. 스마트스토어 운영자들이 파워 등급을 거쳐 빅파워 등급에 도달하지 못하면, 그동안 들인 노력이 수포로 돌아가는 것과 마찬가지입니다.

위의 그래프에서도 두 번의 변곡점을 확인할 수 있습니다. 에너지선과 비용선이 교차하는 첫 번째 화살표입니다. 사실 에너지선과 비용선이 교차했다는 말은, 내가 이미 쏟아부은 에너지는 비용을 감당해 낼 만큼의 자원과 노력이 투입됐다는 뜻입니다. 그러나 에너지가 매출 이익이라는 실적으로 발현되기 위해서는 2차 고통의 시간을 버텨내 BEP에 도달해야 합니다. 스마트스토어 운영자들이 파워 등급이라는 1차 변곡점을 통과하고서 빅파워 등급에 도달하기까지 두 번째 인내의 구간이 존재하는 것과 같은 이치입니다.

세상사에 노력 없이 얻을 수 있는 것은 아무것도 없습니다. 그리고 그 노력은 반드시 변곡점에 도달할 만큼의 절대량의 시간이 투입되어야 합니다. 인건비에도 미치지 못하는 고통의 구간과 적자 상태를 면하지 못하는 손실의 구간을 거치지 않으면, 질적인 성장을 가져오는 빅 파워 등급과 BEP라는 변곡점을 만날 수 없습니다. 이때 ~~여러 가지 지표라는 기반 위에서 미래계조 요소를 하늘에 띄우고, 스텝 바이 스텝 하면 예에 대한 보이면 기간은 찾아냅니다. 그 안에 찾아냅니다.~~

눈밭에서 조난당하여 사망한 사람들의 시체 상당수는 민가 1km 근처에서 발견된다고 합니다. 그야말로 마지막 힘만 내면 도달할 수 있는 거리입니다. 그러나 1km 앞에 민가가 존재한다는 사실을 알아야 마지막 힘도 낼 수 있습니다.

스마트스토어를 시작하여 포기하는 사람들의 상당수는 첫 번째 변곡점 바로 직전에서 포기합니다. 에너지의 축적과 매출 실적의 상관관계를 이해하지 못하기 때문에 일어나는 현상입니다. 매출에 집착하기보다는 미션의 성공에 집착해야 합니다. 미션이 반복되면 에너지가 쌓이고, 그 에너지는 어느 정도 시간의 텀을 갖고 반드시 매출로 발현됩니다. 1km만 더 가면 따뜻한 민가에 도달할 수 있습니다.

03

방향과 방법

비즈니스를 성공시키기 위해서는 먼저 시대의 흐름과 변화하는 환경에 부합하여 방향을 일치시켜야 합니다. 사양산업에 돈을 쏟아붓는 건 돈만 낭비하는 꼴입니다.

많은 사람들이 스마트스토어를 통해 사업을 시작합니다. 맞벌이 부부의 증가 및 언택트의 시대 흐름에 비추어 볼 때 적은 자본으로 사업을 시작하기에 안성맞춤이기 때문입니다.

그러나 아무리 온라인 유통이 확대된다고 해도, 성공하는 사람과 실패하는 사람은 있기 마련입니다. 스마트스토어 운영을 통해 1년 만에 큰 성과를 낸 사람도 있고, 3개월도 안 돼 포기하는 사람도 있습니다. 이 둘을 가르는 것이 바로 '비즈니스의 방향과 방법을 어떻게 설정하고 실천했느냐'입니다.

스마트스토어에서 성공하기 위해서는 먼저 검색엔진인 네이버에 대해 알아야 합니다. 사용자들이 정보를 검색하고자 할 때 적합한 정보를 가장 빠른 속도로 검색해 주는 것이 검색엔진의 기능입니다.

현대 비즈니스는 검색엔진과 동업하지 않으면 성공을 장담할 수 없다고들 합니다. 소비자들은 맛집을 찾을 때도 꽃바구니 하나를 주문해도 일단 네이버에서 검색합니다. 때문에 아무리 좋은 상품을 만들었어도 네이버에서 검색되지 않으면 '없는' 상품이나 마찬가지입니다. 네이버에서 검색이 됐을 때 비로소 '있는' 상품이 되는 것입니다.

따라서 네이버나 구글 등 검색엔진들은 검색엔진 최적화(SEO, Search Engine Optimization) 프로그램이란 것을 사용합니다. 이 프로그램을 통해 SEO에 부합한 문서와 상품을 상위에 노출시켜주는 것입니다.

〈네이버 쇼핑 검색 SEO 및 상품 정보 제공 가이드〉의 '검색 기본 요소 및 알고리즘'은 적합도, 인기도, 신뢰도의 3가지 카테고리로 구성되어 있습니다. 적합도는 상품명, 상품 카테고리, 브랜드(제조사), 속성 태그 등이 있습니다. 인기도에는 클릭 수, 판매 실적, 리뷰 수, 최신성 등의 항목이 있습니다. 마지막으로 신뢰도에는 상품명 SEO, 패널티 항목 등이 있습니다.

스마트스토어 사업을 성공시키기 위해서는 네이버 쇼핑의 SEO에서 비즈니스의 방향과 방법을 정확히 찾아내야 합니다. 제가 주목한 지점은 바로 '판매 정보 가이드라인'에 배치되어 있는 최신성 항목입니

스마트스토어 비즈니스의 방향과 방법

다. 모든 기업은 두 가지가 유입되지 않으면 반드시 망합니다. 바로 신상품과 신규 고객입니다.

기업들이 매년 신상품을 개발하고 신규 고객을 유치하기 위해 끊임없이 이벤트를 기획하고 실천하는 것은, 지속 가능한 비즈니스를 위해서는 신상품과 신규 고객 유입이 필수적이기 때문입니다. 네이버가 SEO에 최신성 항목을 배치한 것은, 스마트스토어에 신규 셀러를 유치하기 위한 전략의 일환일 수도 있습니다.

기존에 수천 개의 상품이 등록되어 경쟁하고 있는 상황에서 신규로 진입하는 셀러의 상품 노출 순위는 당연히 후순위일 수밖에 없습니다. 이 신규 등록 상품이 경쟁 구도에 진입할 수 있도록 일정 기간 동안 노출의 어드밴티지를 주는 것이 최신성 항목입니다.

경쟁자가 없는 독보적인 상품을 판매하는 사람이라면 SEO가 무의미할 수도 있습니다. 구매하고자 하는 사람은 많은데 나를 비롯한 소수만이 판매하고 있다면, SEO를 무력화시키면서도 판매가 가능할 것입니다. 그러나 경쟁자가 많은 위탁 상품을 판매하는 셀러의 입장에서는 이 최신성 항목을 어떻게 활용하느냐에 따라 시장 진입의 성패가 좌우됩니다.

만일 100개의 위탁 상품을 취급하는 스마트스토어 운영을 계획했다고 가정할 시, 100개의 상품을 등록하는 데는 두 가지의 방법이 있습니다.

첫째, 일괄 등록 엑셀 파일을 만들어 100개의 상품을 하루 만에 등록하는 방법입니다. 많은 도매 플랫폼에서는 일괄 등록이 수월하도록 엑셀 파일을 제공하고 있기도 합니다. 둘째, 하루에 하나씩 100일간 등록하는 방법입니다. 인내심과 성실함이 요구되는 작업 방식입니다.

이 두 가지 방법은 100개의 상품을 등록한다는 면에서는 똑같지만, SEO의 최신성 어드밴티지를 받는다는 측면에서는 엄청난 차이가 납니다.

일괄 등록으로 하루에 100개를 등록하면 100개의 상품에 대한 최신성 어드밴티지가 같은 날 시작해서 비슷한 날 모두 끝납니다. 그러나 하루에 1개씩 100일을 등록하면 100일 내내 최신성 어드밴티지를 받는 상품이 내 스토어에 존재하게 됩니다.

SEO의 로직에 입각하여 내 상품의 노출 순위를 올리기 위해서는, 먼저 일정 기간 최신성 혜택을 활용해 첫 구매를 만들어내야 합니다. 물론 광고를 걸어 첫 구매를 앞당기는 방법도 있습니다.

첫 구매가 일어난 상품은 인기도 카테고리의 클릭 수, 판매 실적 점수가 올라가게 되고, 리뷰가 등록되면 리뷰 점수가 올라가게 됩니다. 이후 최신성 어드밴티지가 소멸되더라도 기존 상품과의 순위 경쟁이 가능한 상태에 도달하게 됩니다.

따라서 저는 위탁 상품으로 스마트스토어를 시작하는 사람들에게 SEO의 최신성 항목을 이 사업의 방향이라고 강조합니다. 일괄 등록보다는 첫 구매로 이어질 확률이 훨씬 높은, 매일 꾸준히 상품을 등록하는 방법을 사용하라고 권합니다.

물론 30일간 하루도 쉬지 않고 상품을 등록했는데 첫 구매가 발생하지 않았다고 하소연하는 사람도 있습니다. 비즈니스의 방향이 정확히 맞았는데, 그는 왜 성과를 내지 못했을까요?

그것은 방법이 틀렸기 때문입니다. 네이버는 기본적으로 내용이 충실한 문서를 소비자들에게 노출시켜줍니다. SEO 검색 기본 요소 및 알고리즘의 적합도에 부합되게 작성하지 않으면, 노출 자체에서 제외될 수도 있습니다. 따지고 보면 최신성 항목 또한 적합도 카테고리에 종속된다고 볼 수 있습니다. 위에서 예로 든 것처럼 30일간 열심히 상품을 등록했는데도 첫 구매가 발생하지 않은 사람은, 비즈니스의 방향은 맞았지만 방법이 틀렸던 것입니다.

SEO 적합도가 방법

저는 SEO의 적합도가 이 비즈니스의 방법이라고 강조합니다. 적합도 점수를 올리기 위해서는 먼저 키워드에 대한 이해가 앞서야 합니다. 네이버는 상품을 노출시켜주는 것이 아닌 제목과 본문 태그에 들어 있는 키워드를 노출시켜주기 때문입니다. 네이버는 검색엔진이라는 사실을 기억해야 합니다.

어떤 상품을 취급하고자 한다면 그 상품을 판매하기 위한 적합한 키워드를 찾아내고, 그 키워드를 활용하여 상품의 제목과 본문 태그를 구성해야 합니다. 다행스럽게도 키워드를 검색하고 찾아내기 쉬운 프로그램이 여럿 나와 있습니다.

셀러마스터나 아이템스카우트 등의 프로그램을 이용하면, 내가 사용하고자 하는 키워드의 월별 조회 수 및 상품 수가 검색됩니다. 조회 수는 소비자일 가능성이 높고, 상품 수는 이 상품의 현재 공급 상황을 나타내는 지표입니다. 조회 수는 많은데 상품 수는 비교적 적은 키워드를 개발해 내야 합니다.

판매자들이 키워드를 찾기 위해 많은 시간을 소비하기도 하는데, 유효 키워드도 네이버에서 찾는 것이 가장 손쉬운 방법입니다. 판매하고자 하는 상품의 단어를 네이버 검색창에 입력했을 때 자동완성 검색어, 연관검색어 또는 지식인이나 어학사전 영역에서 유효 키워드 후보를 찾아낼 수 있습니다. 이 후보군들을 하나하나 셀러마스터나 아이템스카우트 등의 사이트에서 분석해 내는 방식입니다.

다음으로는 네이버 쇼핑에서 정한 상품 카테고리를 정확히 설정해 주어야 합니다. 우리의 상식을 버려야 합니다. 기존 판매 상품의 1등부터 5등이 어떤 카테고리에 등록되어 있는지 확인해 보면, 내 상품을 어떤 카테고리에 등록해야 하는지 확인할 수 있습니다.

그리고 스마트스토어 상품 등록 페이지에서 가급적 빈칸이 없도록 충실한 문서를 작성해야 합니다. 상품 등록 시 필수 항목은 붉은색 표기가 되어 있습니다. 많은 경우 필수 항목만 채워 넣고 상품 등록을 완료하는데, 비필수 항목까지 최대한 정확하고 많은 정보를 입력해야 네이버 인공지능이 충실한 상품문서로 판단할 가능성이 커집니다. 10 개까지 등록이 가능한 태그도 빼지 말고 입력해야 합니다.

30일간 매일 상품 등록을 했는데도 첫 구매가 발생하지 않는다면, 혹시 도매 사이트의 상품 제목을 복사하여 그대로 붙여 넣지는 않았는지, 임의로 상품 카테고리를 정하고 상품 등록 페이지에 빈칸이 수두룩한 상태에서 작업을 완료하지 않았는지 점검해 보시기 바랍니다.

무엇보다 상품 등록 시 가장 중요한 사항 중 하나는 정직해야 한다는 점입니다. 네이버는 과학적인 기법을 통해 공정 경쟁을 저해하는 어뷰징 행위를 강력하게 단속하고 있습니다. 어뷰징은 사전적 의미로 오용, 남용, 폐해, 학대 등을 뜻하는 말로, 인터넷 포털 사이트에서 검색을 통한 클릭 수를 늘리기 위해 조작하는 일련의 행위를 뜻합니다.

상품과 관련 없는 사회적 이슈의 단어를 사용하거나, 구매평, 구매 데이터, 클릭 수 등을 조작하는 행위는 반드시 적발되며, 노출 순위에서 막대한 불이익을 받게 됩니다. 최신성을 받기 위해 지속적으로 상품을 삭제하고 재등록하는 행위도 어뷰징에 해당됩니다. 어뷰징에 적발되면 노출 순위에서 불이익을 받는 것은 물론이고, 사안에 따라서는 스마트스토어의 운영이 제한될 수도 있습니다.

매출보다는 미션에 집중하며 꾸준히 실천

스마트스토어 비즈니스의 방향을 SEO의 최신성 항목에서 찾아내고, 적합도를 방법으로 삼아 작업을 진행한다면 반드시 첫 구매는 일어나고 노출 순위는 올라갑니다. 가장 중요한 것은, 위의 방향과 방법을 믿고 실천하는 것입니다. 매출은 쉽게 발생하지 않습니다. 내가 행한 작업의 에너지가 쌓였을 때, 나도 모르는 사이 에너지가 분출되기 시작합니다.

그래서 저는 이 작업을 할 때는 "매출에 대해서는 잊어버리고 내가 해야 할 미션에 집중해서 실천하라"고 강조합니다. 과도하게 매출에 집착하면, 이 작업을 오랫동안 실천해 낼 수 없습니다. 100일간 상품 등록을 하겠다고 목표를 세웠으면, 하루하루 미션의 성공에 집착해야 합니다.

매출은 우리가 하는 일에 대해 따라오는 후행 요소일 뿐입니다. 우리가 할 수 있는 일은 내가 정한 미션을 수행하는 것뿐입니다. 매출이 많아서 성공하는 것이 아니라, 미션에 성공했기 때문에 매출이 발생하는 것입니다.

당신은 오늘도 성공의 경험을 축적하셨습니까?

■ 네이버 쇼핑 검색 SEO 및 상품 정보 제공 가이드 항목

네이버 쇼핑검색 SEO 및 상품 정보 제공 가이드는 4개의 카테고리로 구성되어 있습니다.

첫 번째 카테고리인 기본 가이드에는 상품명 가이드라인 준수, 브랜드/제조사 입력, 카테고리/속성/태그 매칭, 선명한 고해상도 이미지, 판매 실적 제공, 구매평 제공, 상품명 SEO 준수, 네이버 쇼핑 패널티 관리 항목이 배치되어 있습니다.

두 번째 카테고리인 검색 기본 요소 및 알고리즘에는 적합도, 인기도, 신뢰도로 구성되어 있습니다.

세 번째 카테고리인 상품 정보 가이드라인에는 상품명, 이벤트 필드, 상품 이미지, 브랜드/제조사, 카테고리, 속성, 태그, 가격 비교 등의 항목이 있습니다.

네 번째 카테고리인 판매 정보 가이드라인에는 판매 실적, 구매평 수, 클릭 수, 최신성, 찜 수, 네이버 쇼핑 패널티, SEO 스코어가 들어 있습니다.

※ 위의 항목들은 네이버의 정책에 따라 수시로 변경될 수 있으며, 네이버는 발생할 수 있는 내용상의 오류나 누락에 대해서는 전적으로 사용자의 책임임을 명시하고 있으므로, 효율적인 스마트스토어 운영의 참고자료로만 활용할 수 있음을 밝혀둡니다.

□ 스마트스토어 판매자 등급

등급 표기		필수 조건		
등급명	아이콘 노출	판매건수	판매 금액	굿서비스
플래티넘	노출	10만 건 이상	100억 원 이상	조건 충족
프리미엄	노출	2천 건 이상	6억 원 이상	조건 충족
빅파워	노출	500건 이상	4천만 원 이상	-
파워	노출	300건 이상	800만 원 이상	-
새싹	-	100건 이상	200만 원 이상	-
씨앗	-	100건 미만	200만 원 미만	-

판매자의 거래 규모에 따라 구간별로 등급명이 표기됩니다.

사용자들이 믿고 구매할 수 있도록 네이버 쇼핑 및 스마트스토어 판매자 정보 영역에 아이콘이 표기됩니다.

산정 기준 : 최근 3개월 누적 데이터, 구매 확정 기준(부정거래, 직권 취소 및 배송비 제외)

등급 업데이트 주기 : 매월 2일 (예) 10월 등급 산정 기준: 7월~9월 총 3개월 누적 데이터 (월:1일~말일)

플래티넘과 프리미엄은 거래 규모 및 굿서비스 조건까지 충족 시 부여되며, 굿서비스 조건 불충족 시 빅파워로 부여됩니다.

새싹 및 씨앗 등급은 네이버 쇼핑 및 스마트스토어 사이트에서도 등급명 및 아이콘이 노출되지 않습니다.

〈출처 : 네이버 스마트스토어센터〉

■ 굿서비스

기준	상세
구매 만족	리뷰 평점 4.5 이상
빠른 배송	영업일 2일 이내 배송 완료가 전체 배송건수의 80% 이상
CS 응답	고객문의 1일 이내 응답이 90% 이상 (판매자 문의 기준, 상품 문의 제외)
판매건수	최소 판매건수 20건 이상 (구매 확정 상품주문번호 기준, 직권 취소 제외)

판매 활동에 대한 위 서비스 조건을 모두 만족하는 판매자에게 부여됩니다.
사용자들이 믿고 구매할 수 있도록 네이버 쇼핑 및 스마트스토어 판매자 정보
영역에 아이콘이 표기됩니다.
산정 기간 : 최근 1개월 데이터
굿서비스 업데이트 주기 : 매월 2일
〈출처 : 네이버 스마트스토어센터〉

✿ 상품 등록 한도

등급명	상품 등록 한도
플래티넘	5만 개
프리미엄	
빅파워	
파워	
새싹	1만 개
씨앗	

판매자 등급에 따라 상품 등록 한도가 제한됩니다.

판매자 등급이 변경될 경우 상품 등록 구간도 변경될 수 있으며, 기존 한도보다 낮아질 경우 신규 상품 등록이 제한됩니다.

업데이트 주기 : 매월 2일, 판매자 등급별 한도수 부여

이미 한도수를 초과하여 상품이 등록된 경우 상품 삭제는 되지 않으나, 신규 등록 및 일괄 등록만 제한됩니다(판매 중 – 판매 대기 상태값 변경은 가능합니다).

〈출처 : 네이버 스마트스토어센터〉

04

일괄 등록의 효율성과 함정

도매 플랫폼의 상품을 자신의 스마트스토어에 등록한 지 며칠 안 돼 첫 매출이 발생하면 이루 말할 수 없을 정도의 쾌감을 느끼게 됩니다. '되는 사업'이라는 확신이 생기고 머지않아 큰 수익을 줄 것이라는 환상에 젖게 됩니다. 그러나 환상도 잠시, 연속해서 며칠간 판매가 없으면 의욕을 상실하게 되고, 얼마 지나면 '안 되는 사업'이라는 생각에 손을 놓게 됩니다. 저는 그 기간을 3개월 정도로 봅니다.

먼저 첫 매출이 발생한 이유를 명확히 알아야 합니다. 스마트스토어의 상품 노출 순위는 SEO에 의해서 결정됩니다. 소비자가 특정 상품을 검색했을 때 이미 수천 개의 상품이 등록되어 있는데, 내 상품이 소비자의 눈에 띄어 팔린 것은 SEO에 최신성 로직이 있기 때문입니다.

〈네이버 쇼핑 검색 SEO 및 상품 정보 제공 가이드〉에서는 최신성을 다음과 같이 설명하고 있습니다.

"상품의 쇼핑DB에 등록하는 순간 등록일이 부여되고, 이를 기준으로 상대적 지수화하여 상품별로 부여합니다. 신상품에 대해 일시적으로 노출을 유도하는 효과가 있습니다. 최신성을 받기 위해 다른 랭킹 점수를 버리고 재등록하는 것은 무의미하며, 해당 어뷰징 행위에 대해서는 모니터링을 통해 발견 시 몰 단위의 제재가 가해질 수 있습니다."

최신성은 신규로 진입한 상품에 대해 일정 기간 동안 노출 순위에 어드밴티지를 주는 로직입니다. 이 기간 동안에 내 상품이 일시적으로 상위에 노출될 가능성이 생기고, 그로 인해 소비자의 눈에 띄어 구매로 이어지는 것입니다. 그러나 최신성을 통해 순위가 어디까지 올라가고 얼마의 기간 동안 혜택을 받을지는 아무도 모릅니다. 수많은 로직의 함수관계에 의해 나타나는 결과값이기 때문입니다.

첫 매출이 발생하기 위해서는 수십 번의 클릭이 있었을 것입니다. 판매된 상품에 상품평이 게재되고 재구매가 이어지면, 그 상품의 SEO 점수는 올라갑니다. 클릭 수 점수, 상품평 점수, 실적 점수 등이 올라가서 최신성이 사라지더라도 기존 상품과의 경쟁이 가능한 상태에 진입하는 것입니다. 단순화시킨다면, 이것이 신상품을 스마트스토어의 경쟁 구조에 안착시켜 나가는 과정입니다.

그러나 최신성 로직으로 상위에 잠시 노출된다고 해도 첫 매출로 이어질 '가능성'이 높아질 뿐, 첫 매출로 이어지리라는 보장은 없습니다. 때문에 처음 시작하는 초보자들은 최신성 로직을 아주 적절하게 사용하여 스마트스토어의 자리를 잡아 나가야 합니다.

많은 분들이 도매 플랫폼에서 제공하는 엑셀 파일을 활용하여 스마트스토어에 일괄 등록을 합니다. 하루 만에 수천 개의 상품을 등록해 놓고 매출을 기다리는 것입니다. 이때 두 가지의 문제가 발생합니다.

첫째, 일괄 등록 엑셀 파일은 SEO의 적합도를 충족시키기 어렵습니다. 백이면 백, 모든 판매자가 상품명부터 상세페이지까지 모두 같은 상품을 등록하게 됩니다. 상품 정보 입력란에 빈칸이 발생하게 되고, 상세페이지 및 태그에 유효한 키워드도 들어가지 않습니다. SEO의 적합도에 충실한 상품 등록 작업이 불가능해지는 것입니다. 네이버 인공지능이 판단할 때, 불성실한 상품 문서로 판단할 가능성이 커집니다.

둘째, 일시에 수천 개의 상품을 올리면 그 모든 상품의 최신성 혜택이 같은 날 시작해서 비슷한 시기에 끝납니다. 일괄 등록으로 수천 개를 등록할 경우, 수많은 상품이 등록되기 때문에 초기에 몇 건의 주문이 발생하지만 서서히 매출이 없어지고, 한두 달이면 노출 순위에서 완전히 배제되는 것이 일반적인 현상입니다.

위와 같은 현상을 극복하기 위한 대안이 바로 '상품 등록 100일 작전'입니다. 하루에 상품 1~5개씩 100일간 등록한다는 목표를 세우고, 매일 꾸준히 등록하는 것입니다. 그 과정에서 상품에 대해 공부하고, 노출에 유리한 키워드를 개발해 나가는 것이지요. 그렇게 되면 100일 내내 신상품 어드밴티지를 받는 상품이 존재하게 되고, 첫 매출로 이어질 가능성이 훨씬 높아집니다.

매출이 발생하면, 상품평을 잘 관리해 주면서 상품 하나하나를 키

있기 때문으로 봐야 하고 가급해야 합니다. 이 방법을 사용하면 시간이 흐를수록 스토어 운영의 동력이 높아지며, 포기할 가능성도 훨씬 낮아집니다. 그렇게 2~3개월쯤 지나 카테고리별로 첫 페이지나 2페이지 정도에 노출돼 경쟁하는 상품들이 발생하면 아까워서라도 스토어 운영을 포기할 수 없으며, 1년쯤 지나면 매출이 레벨업 되어 의미 있는 숫자를 보여주게 되는 것입니다.

그렇다면 일괄 등록은 아예 효용성이 없다고 봐야 할까요?

그렇지만은 않습니다. 스마트스토어는 다른 쇼핑몰들의 노출 순위 로직과는 어느 정도 다른 구조를 가지고 있습니다. 검색엔진 내에 위치한 스마트스토어는 상품별로 SEO에 최적화하여 등록한 후, 그 상품의 노출 순위가 상위에 랭크될 때까지 꾸준히 관리해야 합니다. 때문에 특별한 경우를 예외한다면 스토어의 등급을 올리는 데 상당한 시간이 소요됩니다.

그러나 다른 온라인마켓에서의 노출 순위 결정 방식은 다릅니다. 물론 온라인마켓별로 자체 노출 순위를 결정하는 로직이 다를 것이기 때문에 일반화시켜 말하기는 어렵습니다만, 기존에 판매량이 많은 상품이 우선 노출됩니다. 이 말은 굳이 상품 하나하나를 SEO에 최적화시키는 작업을 하지 않더라도, 그 마켓에 등록된 기존 상품과 평면 경쟁이 가능하다는 말이 됩니다.

엑셀 일괄 등록 파일을 만들어 수천 개의 상품을 G마켓, 옥션, 쿠팡 등 수십 개의 마켓에 등록하여 판매한다면 매출은 반드시 발생합니다. 단, 등록한 상품의 수가 많아지면 품절이나 단종 등에 의한 스트레스도 커질 것을 감안하고 대비해야 합니다. 아울러 마켓별로 로그인하여 주문을 수집하는 등의 시간이 소요됩니다.

이 같은 일을 한 번에 해결해 주는 솔루션들이 여럿 나와 있습니다. 카페24, 사방넷, 플레이오토, 샵플링 등의 마켓통합관리 솔루션들은 한 번의 로그인으로 수십 개의 마켓에 상품 등록, 주문 수집, CS 처리, 송장 등록 등의 업무를 처리할 수 있습니다. 이 같은 솔루션들은 월간 약 15만~30만 원 정도의 사용료가 발생합니다.

정리하자면, 스마트스토어는 SEO에 최적화된 상태로 꾸준히 등록하고 관리하는 것이 유리합니다. 그러나 이 일을 부업이 아닌 전업으로 하는 사람들은 스마트스토어가 성장하기까지 기다리기 어렵습니다. 전업인 사람들은 마켓통합관리 솔루션의 사용을 고려해야 합니다. 비즈니스 동력을 잃지 않고 더 효율적으로 성공에 다가가기 위해서는, 국내 대형 온라인마켓 전체에 수천 개의 상품을 등록하여 판매하는 방법을 병행하는 것이 유리합니다.

상품 제목의 중요성

스마트스토어 판매자에게 가장 중요하면서도 어려운 것이 상품명을 정하는 일입니다. 상품명은 크게 키워드와 상품 정보로 구성됩니다. 키워드는 소비자가 해당 상품을 조회할 때 쓰는 단어이며, 상품 정보는 해당 상품을 정확하고 간결하게 알릴 수 있는 내용입니다.

스마트스토어 영업에서 키워드가 중요하다 보니, 많은 키워드를 제목에 넣는 것이 유리하다고 말하는 사람도 있습니다. 물론 키워드의 중요성은 두말할 필요가 없지만, 가장 중요한 것은 〈네이버 쇼핑 검색 SEO 및 상품 정보 제공 가이드〉를 준수하는 일입니다. 핵심적인 키워드 한두 개를 선정하고, 가이드에 맞게 작성하는 것이 가장 무난합니다.

키워드가 매출에서 차지하는 역할이 크다 보니 상품 제목을 추출해 주는 유료 프로그램까지 나와 있는 실정입니다. 그러나 스마트스토어 사업을 지속하기 위해서는, 판매자 스스로 키워드를 개발하고 활용할 수 있는 능력을 키워야 합니다.

키워드를 정하기 위해서는 먼저 키워드 후보를 찾아내야 합니다. 가장 손쉬운 방법은 네이버 검색창에서 판매하고자 하는 상품을 입력했을 때 나타나는 자동완성 검색어 및 연관 검색어, 지식인, 어학사전 등에서 후보를 찾는 방법입니다. 이와 함께 상품과 관련된 어휘들을 두루뭉술하게 조회해 보는 것도 좋은 방법입니다. 판매자들은 해당 상품의 이름을 정확히 알고 있지만, 소비자들은 의외로 상품명을 정확히 모르고 검색하는 경우가 많기 때문입니다.

이렇게 하여 찾아낸 키워드 후보들을 셀러마스터나 아이템스카우트 등의 사이트에서 하나하나 조회하여 경쟁이 덜 치열한 키워드를 선정해 나가는 과정을 거칩니다.

예를 들어 평창수 생수를 판매한다고 가정해 봅시다.

네이버 검색창에 '생수'라는 단어를 입력해 보면 여러 개의 자동완성 검색어가 나옵니다. 자동완성 검색어는 소비자들이 많이 조회하는 단어들입니다. 찾아낸 후보들을 하나하나 셀러마스터에서 조회해 보겠습니다(다음에 예시한 수치들은 글을 쓴 시점의 조회값이기 때문에 참고만 하시기 바랍니다).

먼저 '생수'라는 단어를 조회할 시 월간 조회 수 93,000/상품 수 211,000/비율 2.26이 조회됩니다. 다음으로 자동완성 검색어에서 발굴한 '○○○생수'는 조회 수 3,920/상품 수 5,835/비율 1.46이 조회

됩니다. 마지막으로 '생수○○'은 조회 수 8,720/상품 수 4,252/비율 0.48로 나타납니다.

위의 결과값으로만 보면 '생수'라는 키워드로는 초보 셀러들이 시장에 진입하긴 어렵다는 결론에 도달합니다. 월간 조회 수가 93,000건으로 많은 것 같지만, 상품 수도 211,000건이어서 비율이 2.26으로 경쟁이 치열하기 때문입니다. 오히려 조회 수는 8,720으로 많지 않지만 상품 수도 상대적으로 적어 경쟁 비율이 0.48인 '생수○○'이라는 키워드가 시장 진입에는 유리합니다.

최상위 판매자로서 자신의 상품이 1페이지에 노출된 판매자는 '생수'라는 대형 키워드만으로도 93,000명에게 노출할 수 있어 따로 키워드 개발을 하지 않아도 대량 판매가 가능합니다. 그러나 이제 막 시작한 초보 셀러라면 경쟁이 덜 치열한 틈새 키워드를 찾는 노력을 우선해야 할 겁니다.

기억해야 할 것은, 키워드의 경쟁 비율은 고정돼 있지 않다는 점입니다. 내가 사용하는 키워드도 시간이 지나면 다른 판매자들에게 노출되고 경쟁 비율이 바뀌게 됩니다. 신제품 출시나 유행의 변화에 따라 소비자들의 검색 경향이 바뀌기도 합니다. 따라서 틈새 키워드를 찾는 노력은 지속적으로 진행할 필요가 있습니다. 물론 내가 사용하는 키워드를 다른 사람이 따라 할 정도면 이미 내 상품의 노출 순위는 기존 상품과의 경쟁 구도에 진입할 정도로 성장해 있을 것이기 때문에, 남이 따라 한다고 해서 너무 스트레스 받을 필요는 없습니다.

사실 키워드와 관련된 내용은 방대하고, 전문적으로 키워드 개발 방법을 알려주는 강의도 개설되어 있을 정도입니다. 그만큼 스마트스토어 영업에서 키워드는 중요합니다.

키워드를 정했으면 다음으로 SEO의 '상품 정보 가이드라인'을 준수하여 상품 정보를 명확하고 충분히 제공해야 합니다. 단, 공식적인 상품 정보만을 사용하고, 상품 제목에 이벤트나 구매 조건 등의 판매 정보는 포함하지 않는 것이 좋습니다.

상품명에 많은 단어가 포함되어 있다고 해서 검색이 잘되는 것도 아닙니다. 오히려 중복 단어 사용 및 상품명과 관련이 없는 키워드, 수식어, 판매 조건 등을 기입하면 어뷰징으로 인식하여 검색에서 불이익을 받을 수도 있습니다.

특히 주문 폭주, 즉시 할인, 한정 판매, 공짜, MD 추천 등의 홍보성 수식어 및 사회적 이슈가 되는 단어 등은 사용하지 말아야 합니다. 네이버는 소비자 보호 및 공정 경쟁을 위해 지속적으로 유의어 및 어뷰징을 적발하여 노출에 불이익을 주기 때문입니다.

요약하자면, 상품 제목은 한두 개의 키워드와 사실에 입각한 정확한 상품 정보를 50자 이내로 간결하게 작성하는 것이 중요합니다.

매출이 없다?

스마트스토어를 개설하여 상품을 등록했는데 매출이 일어나지 않는다고 울상인 분들이 많습니다. 세상일이 모두 그렇듯, 결과가 있기 위해서는 먼저 원인이 있어야 합니다. 회사에 출근해서 일을 하기 때문에(先) 월급을 받는 것(後)입니다.

우리가 하는 스마트스토어 영업도 마찬가지입니다. 어떤 일을 한 결과로 매출이 나오는 것입니다. 즉, 매출은 우리가 행한 액션에 대한 후행(後行) 요소일 뿐입니다. 매출은 우리 스스로가 만들어낼 수 있는 영역이 아닙니다. 고객이 만들어주는 것입니다.

우리가 할 수 있는 일은, 매출이 나올 수 있도록 하는 선행(先行) 요소를 파악하고, 정성을 다해 그 일에 최선을 다하는 것뿐입니다. 물론 살다 보면 가끔씩 원인이 불명확한 결과가 나타나기도 합니다. 그러나 우연이나 요행에 의한 결과는 반복되어 나타나지 않습니다.

비즈니스는 예측이 가능해야 합니다. 어떤 우연에 의해 나타나는 매출은 지속되지 않습니다. 우리가 궁극적으로 만들어내고자 하는 매출은 일정한 규모가 유지되고 예측이 가능한 매출입니다. 그래야 광고비 등 투자 계획을 짤 수가 있습니다.

투자의 세계에서는 현금 1억을 만들기가 어렵다고 합니다. 1억만 만들면 그 종자돈을 2억, 3억으로 불리는 것은 또 다른 문제라고들 합니다. 일명 '눈덩이법칙'입니다. 1억이 만들어지면 한 바퀴만 굴려도 눈덩이처럼 커진다는 이론입니다.

투자의 세계에서 1억 종자돈 마련을 1차 목표로 삼는다면, 스마트스토어에서는 빅파워 등급, 월 매출 약 1천500만 원을 동일 선상의 목표로 삼을 만합니다. 빅파워 등급까지 도달하면 어느 정도 예측이 가능한 매출이 발생하고, 일정 수준을 유지할 수 있는 단계에 도달했다고 볼 수 있습니다. 빅파워 등급에 도달하는 것도 그 이전까지의 '꾸준한 노력'이라는 선행 요소가 있었기에 빅파워 등급이라는 후행 요소가 만들어진 것입니다.

그렇다면 스마트스토어 초보 셀러가 해야 할 일은 무엇일까요?

일단은 매출에 대한 신경을 꺼야 합니다. 매출이라는 후행 요소를 일으킬 만한 선행 요소가 무르익지 않았는데 매출을 바란다는 것 자체가 모순입니다. 시작부터 매출에 과하게 집중하다 보면 오래 못 가고 포기하게 됩니다.

앞의 글에서 스마트스토어 SEO에 신상품을 일정 기간 노출에 유

스마트스토어 성공의 조건 구미호 100일 작전

리하게 반영해 주는 로직이 있다고 밝혔습니다. 이 최신성 로직에 의한 신규 상품 어드밴티지가 부여되는 기간에 스토어의 자리를 잡아야 한다고 강조했습니다. 내 스마트스토어가 빅파워로 성장하기 위해서 내가 무엇을 해야 할지만 생각하고, 그 일을 하는 데 집중해야 합니다. 매출은 잊고 내가 해야 할 일만 생각하고 반복해야 합니다.

저는

이라고 봅니다. 물론 상품의 직접 생산자가 아닌 위탁 판매나 소량 사입의 경우를 예로 든 것입니다. 신상품을 꾸준히 등록하면 최신성 노출 어드밴티지가 발생하는 상품이 항상 존재하게 되며, 첫 매출 발생에 유리한 조건이 조성됩니다.

인간 세상에서 일어나는 모든 일은 의도하는 방향과 반대의 방향으로 가고자 하는 속성이 있습니다. 회사의 매출은 떨어지고 주가는 하락합니다. 조직은 이완되고 부부 관계는 소원해지며 친구 관계는 멀어집니다. 이 같은 속성은 아주 자연스러운 현상입니다. '안 보면 멀어진다'는 속담이 그래서 나온 것입니다.

떨어지고 이완되고 멀어지는 것을 방지하기 위해, 회사는 이벤트를 기획하여 매출을 유지하고자 노력하며, 호재성 공시를 발표하여 주가를 부양합니다. 조직이 이완되지 않도록 상벌 규정을 만들어 잘한 사람에게는 포상을 하고 잘못한 사람에게는 징계를 합니다. 부부 관계가 소원해지지 않도록 생일선물을 챙기고 사랑한다고 표현하며, 친구 관계가 멀어지지 않도록 가끔 전화하여 저녁식사를 하기도

스마트스토어 비즈니스의 방향과 방법

하는 것입니다.

이 모든 행위들을 '프로모션'이라고 합니다. 프로모션(promotion) 이라는 단어는 사용하기에 따라 여러 의미로 쓸 수 있지만, 공통적으로 '촉진'이라는 뜻과 연결됩니다. 내버려두면 의도하는 방향과 멀어지기 때문에 어떤 행위를 하여 의도하는 방향으로 나아가도록 촉진하는 것입니다. 때문에 개인 생활이든 사업이든 우리 인간 사회의 많은 일들은 프로모션을 어떻게 하느냐에 따라 성패가 갈리는 경우가 많습니다.

스마트스토어도 똑같습니다. 스마트스토어 운영자들이 사용할 수 있는 프로모션의 방법은 다양합니다. 먼저 키워드 광고를 생각해 볼 수 있습니다. 경쟁이 덜 치열한 키워드를 개발하여 광고를 시행하면, 내 상품을 더 빠르게 안착시킬 수 있습니다.

그러나 키워드 광고는 기본적으로 클릭당 과금되는 CPC(Cost per click) 광고이기 때문에 광고비 대비 효율을 지속적으로 관리하며 시행 해야 합니다. 관리를 잘 못하면 광고비만 낭비할 수 있습니다. 주간·월간 효율을 분석하여 연장 여부를 결정하고, 새로운 키워드를 개발하는 노력이 필요합니다.

자신의 스마트스토어를 찜하고 소식받기를 클릭할 경우 할인쿠폰을 제공한다거나, 리뷰를 쓸 경우 혜택을 부여하는 프로모션 방법은 아주 일반적으로 행해지고 있는 것들입니다. 기간을 한정하여 스마트스토어 몰 단위의 할인행사를 시행한다거나, 특정 상품 구매 고객에게 모바일 커피쿠폰을 증정하는 이벤트 등을 적절하게 사용한다면, 스마트

스마트스토어 성공의 조건 구미호 100일 작전

스토어를 더 활성화시킬 수 있습니다.

이러한 프로모션을 하기 위해서는 내 스마트스토어에 좋은 상품들이 많아야 하고, 프로모션의 성과가 더 좋게 나오기 위해서는 SEO에 최적화된 상태로 상품들이 등록되어 있어야 합니다.

결론적으로 말하면, 빅파워 등급에 도달하기 위해서는 매출을 잊고 내가 할 일을 집중해야 합니다. 정성을 들여 반복적으로 상품을 등록하고, 내 예산이 허락하는 범위에서 적극적인 프로모션을 해야 합니다. 가장 단순하면서도 가장 확실한 방법입니다.

07

상품 취급의 3가지 방식

상업의 목표는 이윤 창출입니다. 이윤은 구매한 가격보다 더 높은 가격에 판매함으로써 발생합니다. 따라서 이윤을 극대화하기 위해서는 구매가와 판매가의 격차를 벌릴 방법을 연구해야 합니다.

상업의 부가가치는, 일반적으로 상인이 상품의 생산 및 유통 과정에 참여하는 역할이 더 클수록 높게 발생합니다. 온라인유통에서 상인들이 상품을 취급하는 방식은 거래 조건에 따라 다양하지만, 크게 보면 위탁 판매, 사입 판매, OEM(주문자상표부착생산, Original equipment manufacturing) 제조 판매 등으로 구분해 볼 수 있습니다.

위탁 판매는, 자신은 판매만 하고 상품의 재고 확보와 운송은 공급처에서 담당하는 방식입니다. 재고를 확보할 필요가 없고 운송 업무를 직접 담당할 필요가 없으므로, 상인 입장에서 보면 위험 부담을 최소화시킬 수 있다는 장점이 있습니다. 케이셀러와 같은 유통 플랫폼을 이용하면, 자신이 취급하고자 하는 위탁 상품을 손쉽게 확보하여 판매할 수 있습니다.

사입 판매는, 자신이 일정량의 재고를 확보하여 소비자에게 판매하고, 상품을 소비자에게 인도시키는 업무까지를 담당하는 방식입니다. 자금을 선투자하여 재고를 매입해야 하고, 소비자에게 상품을 운송해야 하는 업무가 발생합니다.

OEM 제조 판매는, 제조 공장과 계약하여 자신의 상표를 부착함으로써 자신만이 취급할 수 있는, 고유의 상품을 가질 수 있다는 장점이 있습니다. 그러나 상품을 제조하는 데 따른 포장지 및 일부 부자재의 생산 비용을 자신이 부담해야 하며, 공장 가동에 따른 최소 생산량(MOQ, Minimum order quantity)을 인수해야 한다는 부담이 따릅니다. 자신의 상표가 부착되어 있기 때문에 자신이 인수하지 않으면 제조원 입장에서는 판매할 수 없는 상품이 되기 때문입니다.

특수한 경우를 예외로 한다면, 상인이 취할 수 있는 이윤의 크기는 OEM 제조 판매, 사입 판매, 위탁 판매 순으로 형성됩니다. 상인이 상품의 제조 및 유통에 관여하는 역할이 클수록 이윤이 더 많아집니다. 상품의 부가가치 형성에 더 많은 기여를 했기 때문이지요.

반면 상인이 부담해야 하는 위험도 같은 순으로 발생합니다. 투입한 자금도 같은 순이기 때문입니다. 이 같은 이윤 수취의 차등화는 매우 합당한 것입니다. 세상사 모든 이치가 그러하듯이, 더 많은 위험을 부담하는 쪽이 더 많은 이익을 취하는 것은 당연합니다.

하이 리스크 하이 리턴(high risk high return), 로우 리스크 로우 리턴(low risk low return)이라는 투자의 원칙이 똑같이 적용됩니다. 상품을 사입하거나 OEM 제조에 참여하는 순간, 상인은 손익분기점(BEP) 개념이 발생하게 됩니다. 손익분기점 개념이 발생하는 사업은 반드시 고통을 수반합니다.

소비자에게 1만5천 원에 판매할 목적으로 1만 원에 1천 개를 사입했다고 가정할 시, 1천만 원의 자금이 선투입됩니다. 이 경우 1만5천 원에 667개를 판매해야 선투입한 1천만 원을 회수할 수 있습니다. 만약 667개를 판매 예정가인 1만5천 원에 판매하지 못하면 손해를 보게 됩니다. 때문에 667개라는 손익분기점을 통과하기 전까지 상인은 두려움과 고통의 시간을 보내게 됩니다.

상업은 현금 유동성이 고갈되는 순간 멈추게 되어 있습니다. 내 창고에 수억 원어치의 상품을 사입하여 확보하고 있더라도, 그 상품은 현금이 아닌 그저 상품일 뿐입니다. 때로는 현금 유동성을 학보하기 위해 자신이 매입한 가격의 반값에라도 넘겨야 하는 상황이 발생할 수도 있습니다. 이 때문에 사업하는 사람들 사이에 '재고는 모든 악의 근원'이라는 자조 섞인 농담이 회자되기도 합니다.

사실 상품의 가치는 사입하는 순간부터 소멸되기 시작합니다. 사용할 목적으로 구매하는 것이 아니라 판매 목적으로 구매한 것이기 때문입니다. 내가 사입한 가치의 목적은, 상품의 본질적 가치인 '사용 가치'가 아닌 '교환 가치'에 있습니다.

극히 일부의 특수한 경우를 제외하면 내 상품과 경쟁하는 상품이 존재하기 마련이고, 경쟁 상품이 가격을 할인하여 판매하면 내가 계획한 판매가보다 낮게 판매해야 하는 상황도 연출될 수 있습니다. 더구나 유통기한이 정해져 있는 상품은 하루하루 유통기한이 짧아져 궁극적으로는 상품의 교환 가치가 소멸되는 시점에 도달하게 됩니다. 일반적으로 대형 유통업체들의 경우, 원래 정한 유통기간의 2/3가 남아 있지 않은 상품은 취급하지 않습니다.

온라인 판매를 하다 보면 상식 이하의 가격에 판매하는 판매자들을 종종 볼 수 있습니다. 이는 누군가의 눈물이 빚어낸 가격이라고 보면 정확합니다. 유통 과정의 경우의 수는 너무 많아서 일반화시키기 어렵지만, 반값에 처분하는 상품은 어떤 상인이 특수한 사정에 의해 원가에 못 미치는 가격으로 시장에 넘긴 상품일 가능성이 큽니다. 여기에 온라인 상인들을 괴롭히는 주범인 최저가의 함정이 있습니다.

시장가보다 훨씬 더 낮은 가격에 판매되는 상품이 있다고 합시다. 물론 일시적인 할인판매에 그치는 경우가 많지만, 애써 만들어 놓은 시장 가격을 일거에 무너뜨리는 판매자를 보며 속상해 한 경험이 많을 것입니다. 그러나 상품의 유통 경로와 시장의 특성을 들여다보면 이해 못할 일도 아닙니다. 부동산시장을 예로 들면 금방 이해됩니다.

어떤 아파트단지의 평균 가격이 5억 원인데, 꼭 그 가격만으로 해당 아파트를 구입할 수 있는 것은 아닙니다. 법원 경매에 나온 매물을 잘 활용하면 같은 아파트를 4억 원에도 구입할 수 있습니다. 4억 원이라는 가격은, 누군가가 시장의 교환 가치에 훨씬 못 미치는 가격으로 넘겨야 하는, 말 못할 사연이 있는 가격인 것입니다.

　세상에 불변하는 것은 없습니다. 상품의 가격도 마찬가지입니다. 오히려 정해진 가격이 항상 유지되는 상품이 더 이상한 것입니다. 상품도 살아 있는 생명체입니다. 때로는 비이성적으로 높은 가격에 구매가 쏠리기도 하고, 시장가의 반값에 내놔도 구매자가 없을 수도 있습니다.

　따라서 상업을 하는 우리는 가격 변화에 유연하게 대처해야 합니다. 특히 위탁 판매로 상업을 하는 사람들은 이미 가격이 무너진 상품에 집착하기보다는 취사 선택의 묘를 잘 살려야 합니다. 버릴 때는 과감하게 버리고 때로는 기다려야 합니다. 무너진 가격도 때가 지나면 다시 회복되기도 하고, 잘 나가던 상품도 일시에 매기가 끊길 수도 있습니다. 시장은 항상 움직입니다.

　나만 판매하는 독보적인 상품이 있으면 좋겠지만, 이를 위해서는 반드시 내가 위험 부담을 떠안아야 합니다. 반면 리스크를 최소화시키기 위해 위탁 판매를 선택하면, 가격 붕괴 및 예기치 않은 품절 등에 따른 스트레스를 안아야 합니다. 그것이 상업의 기본입니다.

평가보다 문제점 파악이 우선

스마트스토어클럽 카페에 올라오는 글 중 자신의 스토어를 평가해 달라는 글을 종종 보게 됩니다. 평가에 대해 생각해 봅시다.

회사들은 1년간의 영업 실적을 기록한 재무제표라는 성적서로 매년 평가받습니다. 시장에서 우량 기업으로 평가받아 주식 가치가 올라가기도 하고, 부실기업으로 평가받아 대출 회수 압력을 받기도 합니다.

회사원들은 1년간의 근무 평가를 받아 승진 심사나 연봉 협상에 적용됩니다. 업무 내용에 따라 다르지만, 대개는 1년이라는 기간에 일궈낸 실적을 평가받습니다. 평가를 잘 받기 위해 평가 대상자들은 남들보다 더 밤늦게까지 일하기도 하고, 경쟁자들과 차별화된 방법을 시도하기도 합니다.

일반적으로 많은 사람들이 선호하는 직업일수록 평가가 엄격하고 경쟁이 치열합니다. 겉으로 보기에는 우아하고 멋있어 보이지만, 수면 아래에서는 가라앉지 않기 위해 끊임없이 발을 움직여야 하는 백조를 닮았습니다.

스마트스토어 운영자들은 고객들과의 관계에서 발생하는 매출 실적을 통해 스스로를 평가하게 됩니다. 좋은 평가를 받기 위해서는 매출 실적이 높아야 하고 수익률이 좋아야 합니다. 매출 실적을 올리기 위해서는 네이버 SEO가 요구하는 바를 정확히 이해하고, 이를 적용하기 위한 부단한 노력이 필요합니다. 상품에 대한 공부 및 노출 가능성을 높이기 위한 방법에 대해 끊임없이 연구하고 실천해야 합니다.

1년 동안 해야 할 스마트스토어 교육 수강, 상품 개발 및 상품 등록, 광고 계획, 키워드 개발 등의 목표를 수치화하고 체크리스트를 만들어 계량화하여 관리합니다. 이런 노력을 기울였음에도 불구하고 지난 한 해 동안의 성과를 분석해 보면 성에 차지 않은 경우가 대부분입니다.

스마트스토어 운영자 커뮤니티 카페에 자신의 스마트스토어 url을 링크하며 스마트스토어를 진단하거나 평가해 달라는 글을 보곤 합니다. 거의 대부분, 상품 몇 개 올려놓고 매출이 안 오른다거나 방문자가 없는데 무엇이 문제냐고 묻는 글들입니다.

이런 스토어에는 아무런 문제가 없습니다. 한 것이 없는데 무슨 문제가 있겠습니까? 평가 혹은 진단을 해볼 근거가 없습니다. 무엇인가 열심히 했을 때 평가할 것이 발생하는 것입니다. 남들과 다른 차별화된 시도가 있다거나, 지난 1년간의 노력을 계량화시킨 데이터가 있었을 때 문제점을 찾아내거나 평가를 해볼 수 있습니다.

상품을 100일간 꾸준히 등록했는데 매출이 안 오른다거나, 키워드를 개발하여 몇 개월간 CPC 광고를 걸었는데도 실적이 없는데 무엇이 문제냐고 물어 와야 정상입니다. 한 일이 많고 과업을 수행한 기간이 길수록 진단의 정확도를 높일 수 있고, 개선 방향을 찾아낼 수 있는 가능성이 훨씬 높아집니다.

스마트스토어를 시작하는 시점에서 이 일과 관련한 향후 1년 동안의 성과 목표와 실천 계획을 수립하고, 수치화하여 관리해야 합니다. 1년 후 평가받을 준비를 하는 것입니다.

대개의 경우 목표를 세우라고 하면 '월 매출 1천만 원 달성' 같은 목표를 설정합니다. 그리고 그것으로 끝입니다. 무엇을 통해 목표를 달성하겠다는 실천 계획이 없습니다. '상품 등록 100일 작전'과 같이 수행한 업무 실적을 명확히 수치화하여 관리하는 일들이 성과를 내는 데 유리합니다.

스마트스토어, 쉽게 시작한 만큼 포기하기도 쉽습니다. 이 시장에서 안정적인 수익을 발생시키기 위해서는, 소비자에게 또는 시장으로부터 평가받을 무엇인가를 해야 합니다.

59
스마트스토어 비즈니스의 방향과 방법

09

BEP와 스마트스토어

비즈니스를 하면서 가장 단순하면서도 가장 중요한 단어가 바로 손익분기점(BEP, Break even point)입니다. 정해진 기간의 수익과 비용이 같아져서 이익도 손해도 생기지 않는 매출 지점입니다.

사업하는 사람들에게 손익분기점 이전의 매출과 손익분기점을 통과한 이후의 매출은 질적으로 다릅니다. 고정비의 증가를 비롯한 외부 추가적인 요소를 고려 대상에서 제외한다면, 이 지점을 통과하면서부터는 매출 이익 자체가 영업 이익으로 전환됩니다.

따라서 비즈니스를 시작하는 사람들이 사업 계획을 작성할 때는 손익분기점을 '언제' 통과시키는가가 핵심적 고려 사항이 됩니다. '언제'가 비즈니스를 지속할지 말지를 결정하는 핵심 사항입니다. 손익분기점에 도달하기 전까지는 적자 상태를 유지하게 되는데, 무한정의 자본 투입이 불가능하기 때문입니다.

예를 들어 창업 이후 1년이 되는 시점을 손익분기점 매출 통과 시점으로 상정했다면, 자금 운용 계획이 1년간의 기업 유지에 맞추어져 있을 것입니다. 그런데 1년이 지났는데도 손익분기점을 통과하지 못하면, 추가 자금을 조달할 것인지 사업을 중단할 것인지 결정해야 하는 기로에 서게 됩니다.

이 때문에 사업은 시간과의 함수 관계에 놓여 있다고 봐야 합니다. 정해진 기간 없이 10년이든 20년이든 지속한다면, 시장이 무르익고 기회를 잡을 수 있는 사업 소재는 무궁무진합니다. 그러나 손익분기점이라는 시간과의 함수 관계가 존재하기 때문에 버티지 못하고 망하는 기업도 생기고, 수년간 고생해서 만든 회사를 헐값에 매각하기도 하는 것입니다.

사업과 시간과의 함수 관계 개념을 스마트스토어 운영자들에게 똑같이 적용해 보면, 네이버가 정해 놓은 빅파워 등급의 중요성을 강조할 수밖에 없습니다. 스마트스토어를 운영하여 의미 있는 규모의 수익을 발생시키기 위해서는 빅파워 등급에 도달하는 것이 1차 목표가 됩니다.

빅파워 등급은 매출 및 매출건수 등의 점수를 조합하여 결정됩니다. 빅파워 등급의 매출 기준은 3개월 평균 매출 4천만 원이므로 월 1천500만 원 정도의 매출을 발생시켜야 합니다. 월 1천500만 원의 매출에 도달하면 스마트스토어 운영을 지속할 동력이 유지됩니다. 자신이 투입하는 시간에 비례하여 인건비 개념의 수익이 발생하기 때문입니다.

이와 함께 빅파워 등급에 도달하면 방문자 수도 늘어나고 스토어 지수도 함께 올라가서 이전보다 성과 내기가 훨씬 수월해집니다. 이른바 '눈덩이 효과(Snowball effect)'를 발생시킬 수 있는 단계가 됩니다. 눈덩이가 작을 때는 한 바퀴를 굴려도 큰 변화가 없지만 눈덩이가 일단 커지고 나면 한 바퀴만 굴려도 눈에 띄게 커지듯이, 빅파워 등급에 도달하면 더 작은 액션으로 더 큰 효과를 만들어낼 수 있습니다.

문제는 이 '눈덩이 효과'가 빅파워 등급에 도달한 이후에 발생한다는 점입니다. 그 이전 단계까지는 자신이 투입하는 시간과 노력에 비해 발생하는 수익의 규모가 너무 작아서, 이 일을 계속 해야 할지 말지 고민하고 번민하는 시간이 지속됩니다.

이는 사업하는 사람들이 손익분기점에 도달하기 전까지 공포와 두려움을 갖게 되는 것과 흡사합니다. 자신이 모아둔 돈에 더해 외부 차입금을 활용하여 사업을 전개하는데, 만일 자기가 정한 기한 내에 손익분기점을 통과하지 못하면 자신의 돈을 회수하지 못하는 것은 물론이고 빚쟁이로 전락하기 때문입니다. 그래서 손익분기점에 도달하기 전까지 사업가들은 공포와 두려움의 시간을 반드시 경험하게 됩니다.

스마트스토어 운영자들이 일반적인 비즈니스의 손익분기점 개념을 이해한다면, 안정적인 수익이 발생하기 전(前) 단계를 이겨내고 버텨내기 위한 마인드 컨트롤을 하기에 용이합니다. 손익분기점만

통과시키면 사업의 새로운 영역이 열리듯이, 스마트스토어 운영자들이 빅파워 등급에 도달하면 그 이전과는 다른 새로운 단계에 진입하기 때문입니다.

그러나 이 두 지점에 도달하기 위해서는 수많은 고민과 번민, 두려움과 공포를 이겨내야 합니다. 비즈니스를 성공시키기 위해서는, 해당 업에 대한 기술적 능력뿐만이 아니라, 자신과의 싸움에서 이겨내기 위한 인문학적 또는 철학적 지혜가 요구되는 이유입니다.

BEP에 도달하기까지 수많은 시간 동안 잠 못 이루는 밤을 이겨내야 합니다.

인건비도 안 나오는 스마트스토어를 계속 운영해야 할지 말지 고민하고 있는 당신께 이 글을 바칩니다.

10

현대 비즈니스의 동반자 SNS

현대 사회는 가히 SNS(Social Network Service)시대라 할 만합니
다. 지인들과 소통하고, 내가 하는 일을 홍보하고, 뉴스나 정보를 접하
는 모든 활동들이 SNS를 통해 가능해졌습니다.

SNS의 발달은 정보통신 기술의 획기적 발전에 바탕을 둡니다. 과
거에는 전파를 독점적으로 사용하는 공중파 TV 및 신문 등의 매체를 통
하지 않으면, 뉴스를 접하거나 상품의 광고를 볼 수 있는 수단이 거의
없었습니다. 그러나 정보통신 기술의 발달 및 스마트폰의 보급이 확대
되면서 시간과 장소의 제약 없이 정보를 접할 수 있는 시대가 됐습니다.

SNS라는 1인 미디어의 활성화는 이용자 모두가 콘텐츠를 생산하
고 보급할 수 있는 수단을 확보하게 되어, 그동안 소수 언론사만이 갖
고 있던 콘텐츠 독점 현상이 깨지는 계기가 되었습니다. 비즈니스를 하
는 사람들에게도 SNS의 효율적인 활용 여부가 비즈니스의 성패를 좌

우하는 중요한 요소로 자리 잡은 지 오래입니다.

SNS를 비즈니스에 활용한다는 것은 크게 두 가지 측면에서 유효합니다. 첫째는 나의 상품 및 사업을 알릴 수 있고, 둘째는 나의 비즈니스로 다른 사람을 유입시킬 수 있다는 점입니다. SNS를 비즈니스에 활용하기 위해서는 크게 3가지의 능력이 수반되어야 합니다.

나의 상품 및 사업을 알리기 위해서는 우선 다른 사람들에게 보여줄 콘텐츠를 만들어야 합니다. 비용을 들여 고품질의 콘텐츠를 만들 수도 있지만, 때로는 사진 한 장 또는 몇 줄의 글도 훌륭한 콘텐츠가 될 수 있습니다. 자신의 사업 영역에 있는 모든 일들을 콘텐츠화시키겠다는 관점이 중요합니다.

SNS에 올릴 소재를 만들겠다는 생각으로 활동하는 사람은, 작은 일 하나라도 지나치지 않고 새로운 시각으로 보게 되며, 소재가 있을 때마다 메모하고 사진을 찍어 두는 습관을 갖게 됩니다. 자신에게는 아주 일상적인 일일지라도 콘텐츠로 재탄생하는 순간, 다른 사람에게는 흥미와 관심을 유발할 수 있는 훌륭한 소재가 될 수 있습니다.

쇼핑몰을 운영하는 사람들은 자신이 판매하는 상품을 먼저 사용해 보고, 사진 및 동영상을 첨부한 콘텐츠를 만들어도 좋습니다. 이러한 콘텐츠는 소비자의 궁금증 해소와 구매 욕구를 불러일으키는 데 유용할 수 있습니다.

SNS를 비즈니스에 활용하기 위해서는 먼저 잠자고 있는 나의 SNS 계정을 깨워야 합니다. SNS는 방법에 따라 여러 가지로 분류할 수 있지만 크게 3가지, 즉 정보를 축적하는 매체, 여러 사람과 소통하는 매체, 나의 영역으로 유인하는 매체로 구별해 볼 수 있습니다.

블로그는 나의 도서관 역할을 하는 매체입니다. 내가 생산하는 콘텐츠를 일목요연하게 정리하여 축적해 두고, 도서관처럼 필요에 따라 언제든 활용할 수 있습니다. 카페는 나의 비즈니스를 둘러싼 고객 및 거래처들과의 커뮤니티로 활용하기에 적합합니다. 업무에 필요한 공지사항을 실시간으로 알리고, 고객 및 거래처와의 의사소통 공간으로 훌륭하게 활용할 수 있습니다.

마지막으로 페이스북이나 인스타그램의 매체는 나의 블로그나 카페, 스마트스토어로 유인하는 데 적합합니다. 호기심을 유발할 만한 간단한 사진이나 짧은 글에 랜딩(landing)시키고자 하는 SNS의 url을 첨부하여 등록함으로써, 궁극적으로 보여주고자 하는 콘텐츠로의 유입 수단으로 활용하기에 적합합니다.

이처럼 SNS를 비즈니스에 활용하기 위해서는 먼저 내 SNS 계정을 활성화시켜야 합니다. 다른 사람의 흥미를 유발하거나 정보가 될 만한 훌륭한 콘텐츠를 지속적으로 올리고, 5천 명까지 가능한 블로그의 '서로이웃'이나 페이스북의 '친구' 확보에 노력을 기울여야 합니다.

물론 이 같은 작업은 단시일에 완성되지 않습니다. 인간관계에서도 일방통행은 어렵듯이 SNS 사회에서도 함께 교류하며 상대방에게 관심을 가져줘야 상대방도 나에게 관심을 갖습니다. 꾸준하게 지속적으로 활동하지 않으면 SNS를 활성화시키기는 어렵습니다.

블로그를 함께하는 동호회를 만들어 100일 포스팅을 하고 서로 방문하여 댓글을 달아주는 활동을 하는 것도, 혼자보다는 그룹을 만들어 여럿이 상부상조하는 것이 블로그 지수를 높이는 데 효율적이기 때문입니다.

3 검색엔진과의 연계 능력

SNS를 비즈니스에 활용하는 데 있어 가장 중요한 능력 가운데 하나가 검색엔진과의 연계 능력입니다. 내가 생산하는 모든 콘텐츠는, 궁극적으로 다른 사람에게 보여주는 데 목적이 있습니다. 콘텐츠를 보여주기 위해서는 나의 SNS로 유입이 되어야 합니다. 나 혼자만 보는 일기장 같아서야 시간과 노력을 기울이는 의미가 없습니다.

따라서 블로그 글 등을 작성할 때 어떤 키워드를 사용할지가 먼저 결정되어야 합니다. 키워드 분석을 통해 경쟁이 적으면서도 조회 수가 많은 키워드를 결정하고, 그 키워드에 맞게 콘텐츠를 작성해야 합니다. 스마트스토어에 상품을 등록할 때 먼저 키워드를 분석한 후 제목과 본문, 태그를 결정하는 것과 마찬가지입니다.

예를 들어 식당과 관련된 블로그 글을 썼다면, 제목을 '서울 맛집'과 같은 광역 키워드를 쓰면 내 글은 보이지 않습니다. '서울 맛집'은 조회 수도 많지만 글도 많기 때문입니다. 사전 분석을 통하여 조회 수는 적지만 경쟁 콘텐츠가 상대적으로 적은, '인사동 맛집'처럼 대상을 한정화시키는 관점이 필요합니다.

현대 비즈니스는 검색엔진과 동업하지 않으면 성공할 수 없다고들 말합니다. 우리가 가족과 외식할 식당을 결정할 때도 검색엔진에서 맛집을 조회하고, 상품을 구매할 때도 검색엔진에서 조회하여 결정합니다. 아무리 좋은 콘텐츠를 만들었다고 해도, 검색엔진에서 조회가 되지 않으면 없는 콘텐츠나 마찬가지입니다. 내 SNS의 콘텐츠가 상위에 노출될 수 있도록 평소에 꾸준히 SNS 지수를 높이고 유효한 키워드를 개발하기 위한 관심을 가져야 합니다.

이용자가 정보를 검색했을 때, 검색엔진은 가장 정확한 정보를 가장 빠른 시간에 보여주기 위해 검색엔진 최적화(SEO, Search Engine Optimization) 시스템을 적용합니다. SEO는 쇼핑, 블로그 글, 카페 글, 지식인 글 등 각 분야별로 특성에 맞게 다양하게 구성되는데, 거의 공통적으로 정보의 정확도, 인기도, 신뢰도 카테고리에 의해 운용됩니다.

여기에 각 SNS를 서열화시켜 지수화하는 점수가 반영됩니다. '블로그챠트'라는 사이트에 방문하면, 내 블로그가 전체 블로그 중 몇 등에 위치하는지 확인할 수 있습니다. 그러므로 SNS를 비즈니스에 활용하기 위해서는 SEO에 부합하게 콘텐츠를 작성하고, 평소에 내 SNS 지수를 높이기 위한 작업을 꾸준히 해두는 것이 중요합니다.

어떤 사람은 "개인정보가 노출될까 봐 SNS를 하지 않는다"고 말합니다. 물론 일반인이 자신의 개인 정보를 안전하게 지키려는 자세는 의미가 있습니다. 그러나 비즈니스맨이라면 이야기가 달라집니다. 현대인들은 미팅을 해야 할 회사가 있으면, 먼저 검색엔진에서 조회하여 그 회사에 대해 파악하고 방문합니다. 검색엔진에서 조회했을 때 검색이 되지 않으면 '신뢰할 수 없는 회사'라고 치부해 버리기도 합니다.

비즈니스를 하는 우리는, 자신 스스로와 자신의 사업체를 상품화시키기 위해 끊임없이 노력해야 합니다. 나와 내 회사의 상품성을

11

'구미호 100일 작전'을 제안하며

스마트스토어 비즈니스를 성공시키기 위해서는 SEO의 최신성 항목을 방향으로, 적합도를 방법으로 삼아야 한다는 점을 확인했습니다. 비즈니스의 방향과 방법을 알았으면 이제는 실천입니다.

누구나 시작할 수는 있지만 얼마간의 시간이 지나면, 어떤 사람은 성공에 만족할 것이고 어떤 사람은 중도에 포기할 것입니다. 성공과 실패. 이 어마어마한 단어의 차이만큼이나 둘 사이에는 엄청난 노하우나 대단한 비밀이 숨어 있을 것이라고 생각합니다. 과연 그럴까요?

사실 남이 할 수 있다면 나도 가능합니다. 크든 작든 사업의 영역에 뛰어든 사람들은 현실에 안주하기를 거부한 사람들입니다. 오늘의 작은 시작이 얼마나 큰 비즈니스로 이끌지, 그것은 아무도 모릅니다. 비즈니스에 뜻을 세우고 시작한 여러분은 이미 비범한 사람입니다.

애플, 페이스북, 알리바바를 비롯한 세계 최고의 기업들도 시작은 미미했습니다. 우리의 10년 후를 단정짓지 마십시오. 스마트스토어는 여러분이 품고 있는 거대한 비즈니스 유전자를 성장시킬 작은 씨앗에 불과할지도 모릅니다.

다시 묻습니다. 우리와 거대한 기업을 일군 사람들의 사이에는 엄청난 능력 차이와 우리가 모르는 비밀이 존재할까요? 저는 단언합니다. 성공한 사람과 우리와 같은 평범한 사람 사이에 엄청난 능력이나 노하우의 차이는 없습니다.

미국 특수작전사령부 사령관이었던 윌리엄 H 맥레이븐은, 2014년 모교인 텍사스대학 졸업식 연설에서 이렇게 말합니다.

"성공하려면 침대부터 정리하라."

저는 이 말에서 두 가지의 메시지를 읽습니다. 첫째, 사소한 것이라도 목표를 세우고 완수하라. 둘째, 하루도 빼지 말고 반복하라. 사실 성공과 실패의 차이에는 타고난 능력이나 대단한 노하우보다는, 작더라도 그 목표를 완수하려는 의지와 실행력 그리고 반복하겠다는 의지의 여부가 그 둘을 가른다고 생각합니다.

성공의 요체는 간단합니다. 목표를 세우고 반복하여 완수하는 것입니다. 100일간의 상품 등록을 통해 새로운 스마트스토어 비즈니스맨으로 거듭나기를 제안합니다.

방법은 단순합니다. 위에서 강조했듯이 작은 목표를 세우고 100일간 반복하는 겁니다. 쉬울 것 같지만, 혼자서 100일간 반복하기란 웬만한 의지로는 쉽지 않습니다.

100일 동안 단 하나의 상품이라도 좋으니 여러분의 스마트스토어에 매일 상품을 등록하십시오. 100일이 완성될 즈음 스마트스토어 지수는 상승할 것이며, 내 스토어에 재구매가 발생하는 인기 상품이 탄생할 것입니다.

무엇보다 100일의 미션 수행 과정을 통해 품절, 가격 변동, 주문 취소, 반품, 환불 등 다양한 경우의 수를 경험함으로써 노련한 상인의 마인드를 갖추어 나가는 나 자신을 발견할 수 있을 것입니다.

나와 내 스마트스토어를 바꿔 나가는 100일간의 약속 '상품 등록 100일 작전(일명 구미호 100일 작전)'을 제안합니다.

네이버 카페 스마트스토어클럽 '구미호 100일 작전'

1. 작전명 : 상품 등록 100일 작전(일명 구미호 100일 작전)
   ※ 인간이 되기 위해 노력하는 구미호처럼 초보 셀러가 100일간 상품 등록 미션을 완수하여 사업가로 거듭난다는 의미로 '구미호 100일 작전'이라고 명명했습니다.
2. 첫날 과제 : 작전명을 종이에 써서 벽에 붙여두고 인증샷을 찍어 카페에 올리기(시작일과 120일째 되는 날짜 표기)
3. 실행 과제 작전 시작 인증샷 올린 날 이후 100일에 걸쳐 상품 등록하고 카페에 인증(시작일로부터 120일 내에 100회 인증, 인증넘버링이 연속되어야 함)
4. 동기부여 : 30일차 선물 발송, 60일차 선물 발송
5. 100일 완주 특전 : 헌드레드클럽 인증서 수여, 케이셀러 헌드레드클럽 전용관 입장 자격 부여, 비공개 카페 헌드레드클럽 초대

인간이 되기 위한 처절한 투쟁!!
구미호 100일 작전
(상품 등록 100일 작전)

작전미션 1 : 100일간 사람 간을 안 먹어야 한다
작전미션 2 : 100일간 상품을 등록해야 한다
작 전 구 역 : 네이버카페 스마트스토어클럽

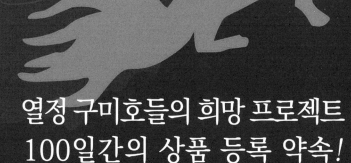

열정 구미호들의 희망 프로젝트
100일간의 상품 등록 약속!

감독 : 조재상 **STAFF** : 조현진 이미영 이승하 구자희 조윤민 **그림** : 안광준

스마트스토어
성공의 조건

구미호 100일 작전

2장

씨앗에서 빅파워까지
생생한 이야기들

01

100일 작전으로 뿌린 씨앗
빅파워 열매를 맺다

진가 대표 진성은

진성은 대표는 쇼핑몰과는 전혀 무관한 분야에서 일했다. 육군 대위로 전역 후 임기제 경호공무원으로 근무하다, '경제적 자유'를 확보한다는 평소의 꿈을 실현하기 위해 겸업이 가능한 현재의 직장으로 이직했다. 2018년 10월에 이직한 직장은 1년 단위의 계약직으로, 퇴근 시간이 정확히 보장되었다. 겸업을 위해 직장을 바꾼 케이스다.

그는 사업 시작을 위한 시드머니 마련을 위해, 퇴근 후와 주말 시간을 이용해 성남시 야탑동의 버스터미널 구름다리에서 9개월간 붕어빵 노점상을 했다. 그러나 코로나19로 매출이 급감했고, 새로운 일을 찾아야겠다고 생각하던 차에 유튜브를 통해 케이셀러를 만나게 되었다. 이때가 2020년 3월이다.

'스마트스토어로 큰돈을 벌었다는 둥 경쟁이 치열하여 힘들다는 둥 말이 많으니 내가 직접 해봐야겠다'는 마인드로 접근했다. 실패해도 조금이라도 젊을 때 하는 게 좋겠다는 생각이었다. 특히 '구미호 100일 작전'과 같이 미션을 부여하고 인증하는, 반강제적인 방식이 자신을 통제할 수 있어 최고의 도구였다. 카페에서 여러 명이 동시에 진행하다 보니 지칠 때면 다른 사람들의 미션 인증에서 자극을 받아 힘을 내는 것도 끝까지 완주하는 데 큰 도움이 되었다.

그 후 불과 몇 개월 만에 진 대표가 일궈낸 성과는 그야말로 눈부시다. 2020년 3월 24일 케이셀러 가입, 3월 25일 '구미호 100일 작전' 시작, 3월 30일 작전 7일차에 첫 주문 발생, 6월 2일 파워 등급 달성, 7월 16일 '구미호 100일 작전' 완료, 9월 2일 빅파워 등급 달성.

스마트스토어 초보자라고는 믿기지 않은 초고속 성장이다.

꾸준히 판매되는 핵심 아이템 6개, 스마트스토어 하루 평균 유입자 1천 명, 최대 유입자 2천800명, CPC 광고 지출 월 50만~100만 원, 2021년 2월 현재 월 매출 5천만 원.

진 대표가 이 일을 시작한 지 1년이 되기 전에 일구어낸 성과다.

그가 이 일을 하면서 항상 되뇌는 가장 기본적인 생각은 '작은 일도 무시하지 않고 최선을 다하자'였다. 상품 하나를 올려도 정성을 쏟으면, 판매 여부를 떠나 내공이 쌓일 것이라는 믿음이었다. SEO에 최적화된 상품 등록 노력은 결코 배신하지 않았으며, 성과로 나타났다. 그는 "구미호 100일 작전을 성실히 마친 사람이라면 엑셀 및 대량 등록 솔루션으로 등록하는 사람과는 비교가 불가하다"고 단언했다.

SEO에 최적화된 상태로 세팅하여 꾸준히 팔리는 상품 1개를 만들어내고, 이 일을 반복하여 꾸준히 팔리는 상품 여러 개를 만들어내는 것이 진 대표의 작업 방식이다. 이런 과정을 통해 6개의 히트 상품이 탄생한 것이다. 물론 6개의 히트 상품을 확보하기 위해서는 1천 개가 넘는 상품이 등록됐다. 어떤 상품이 히트 상품이 될지 모르기 때문에 모든 상품 하나하나에 정성을 다해 SEO에 최적화된 상태로 등록하는 것이다.

일반적으로 상업의 발전 방향은 위탁 판매, 사입 판매, OEM 제조 판매 순으로 진행된다. 위탁 판매를 통해 판매의 경험을 쌓고, 판매 기술의 향상에 발맞춰 사입을 하거나 직접 제조하는 영역으로 발전해 가는 것이다. 진 대표는 이미 위탁 판매와 함께 사입 판매를 진행 중이며, OEM 제조를 준비 중인 단계에 와 있다.

이렇게 급속하게 발전하게 된 배경을 그는 '기본기'라고 말한다. 짧은 시간에 빠르게 수천 개의 상품을 올릴 수 있는 엑셀 대량 등록을 하지 않고, 상품 하나를 올려도 SEO에 최적화된 상태로 등록했던 방식이 오히려 빠른 성장을 가져왔다는 것이다. 그는 늘 SEO 최적화를 떠올리기 위해 카페에서도 '최적화'라는 닉네임을 사용하고 있다.

2021년을 시작하며 진 대표는 전반기에 월 매출 1억 달성과 후반기에 프리미엄 등급 달성을 목표로 세웠다. 프리미엄 등급은 3개월 평균 매출 6억 원, 판매건수 2천 건에 더해 굿서비스 조건을 충족해야 부여된다. 위탁 판매만으로는 달성하기 힘든 매출이다.

"위탁 판매를 하다 보면, 잘 팔리는 상품인데 눈에 띄게 품절이 잦은 상품이 있습니다. 그중 대다수는 중국 OEM 제품입니다. 이런 상품들이 제가 사입하는 상품들입니다. 위탁, 사입, OEM 방식을 모두 동원해서 올해의 목표를 달성해 보겠습니다."

이와 함께 2021년에는 스마트스토어뿐만이 아니라 G마켓, 옥션, 11번가, 쿠팡 등 최대한 많은 마켓에 입점하여 양적 성장을 만들어낸다는 계획이다.

진 대표는 또한 "스마트스토어에 대해 말이 많은데, 간절하다면 누구나 가능하다"면서 "이 일에 집중할 수 있는 환경을 만들고, 꾸준히 노력한다면 누구나 빅파워 등급에 도달할 수 있으며, 시간의 차이만 날 뿐"이라고 주장했다. "기본기에 충실하며 도전을 멈추지 않는다면"이라는 단서와 함께.

02

빅파워 달성의 비결

손톱쟁이 대표 손현미

손톱쟁이 손현미 대표는 천성적으로 배우는 것을 좋아하는 성격이다. 공부방을 10년 넘게 운영하다가 네일아트를 배워 네일숍을 운영하고 있다. 인터넷 쇼핑이 대중화되는 것을 보면서 쇼핑몰에 대해 공부해 보고 싶었는데, 기회는 뜻밖의 곳에서 찾아왔다.

네일숍을 찾은 손님이 바로 유통 플랫폼 케이셀러 직원이었던 것이다. 손님과의 대화 속에 쇼핑몰 이야기가 오갔고, 바로 다음날 케이셀러를 방문했다. 스마트스토어와의 인연은 2020년 6월 그렇게 우연히 만들어졌다.

유통 플랫폼을 이용하면 상품 재고가 없이도 쇼핑몰을 운영할 수 있다는 구조를 접하고, 바로 청주아카데미의 스마트스토어 강좌에 수강 신청을 했다. 그러나 강의를 듣고 집에 와서는 펑펑 울기만 했다. 컴퓨터 활용 능력이 떨어지던 50대의 손 대표에게 처음 접하는 강의는 도무지 이해가 안 되는 내용이 태반이었다.

"자존심이 너무 상했어요. 그래서 유튜브 방송을 보면서 이것저것 닥치는 대로 공부했습니다. 물론 지금은 포토스케이프엑스나 미리캔버스 등을 사용해서 나만의 상세페이지를 만드는 데 지장이 없을 정도는 됐습니다."

2020년 7월부터는 네이버 카페 스마트스토어클럽에서 시행하는 '구미호 100일 작전'을 시작, 100일 동안 하루도 빠짐없이 상품을 등록했다. 7월 40만 원, 8월 80만 원, 9월 690만 원. 손 대표가 '구미호 100일 작전' 동안 발생시킨 스마트스토어 매출 성과다. 9월에는 추석 명절 상품인 동태전과 같은 '전 모둠 세트' 덕분에 매출이 껑충 뛰어 10월에 파워 등급을 달성했다.

"강사님이 추석선물세트를 말해서 등록했는데, 690만 원어치가 팔리고 나니 흥미가 생기고 동력이 급격하게 상승하더라고요. 그래서 강사님이 하는 말을 잘 듣고 와서 그대로 따라 했습니다."

그렇게 '강사님 따라 하기'의 성과는 11월에 폭발했다. 코로나19로 인하여 칸막이 상품이 잘 팔릴 것이라는 강사의 말을 듣고 상품을 찾아 등록했는데, 11월에 2천만 원이 넘는 매출을 올린 것이다. 나중에 확인해 보니 수강생 중 손 대표 혼자만 이 상품을 등록했다.

칸막이 상품은 개인이 아닌 기업체나 단체 등에서 대량 주문이 많이 들어왔다. 손 대표는 대량 주문한 고객의 마음이 바뀔 것을 우려해 주문자에게 전화하여 주문의 처리 상황을 상세히 설명해 주는 한편, 모

씨앗에서 빅파워까지, 생생한 이야기들

바일 커피 쿠폰을 보내 취소 방지에 힘썼다고 한다. 이후에도 대량 주문 고객에 대한 특별 관리는 계속되어, 이제는 재주문하는 고객까지 확보하는 성과를 올렸다.

손 대표가 파워 등급을 달성하고 나서 체험한 변화는 매출의 확산세다. 처음 '구미호 100일 작전'을 하며 등록한 상품들 중 상당수는 매출이 한 건도 없었는데, 스토어의 방문자 수가 늘어나면서 평소에 안 팔리던 상품까지 매출이 확산되고 있다는 것이다.

주력 상품이 생겨나고 매출이 확산세를 보이면서 손 대표는 이 사업이 '되는 사업'이라는 확신을 가졌다고 한다. 2021년 설 명절을 앞두고 등록한 한과 상품 매출이 높게 나오면서 2월에 꿈에도 그리던 빅파워 등급을 달성했다.

물론 손 대표에게도 위기가 없었던 것은 아니다. 2021년 1월에 갑자기 가족 중에 우환이 생겨 2주일간 스토어 관리를 하지 못했다. 매출이 떨어지기 시작하더니 명절 상품을 포함해 2천500만 원의 목표를 세웠으나 1천300만 원에 그친 것이다. 다행히 12월 매출이 뒷받침이 되어 2월에 빅파워 등급에는 달성할 수 있었으나, 1월을 거치며 손 대표가 느낀 바는 자못 크다.

"관리를 소홀히 하니 매출이 뚝 떨어지더라고요. 이 일은 지속적으로 관심을 쏟고 돌봐야만 매출이 유지된다는 것을 느꼈습니다."

이후 손 대표는 다시 가급적 매일 상품을 등록하고 있다.

손 대표에게 스마트스토어를 운영하면서 가장 힘들었던 것이 무엇이냐고 물었다. 초창기 3개월 정도 컴퓨터 활용 능력이 부족할 때를 빼면 크게 힘들었던 것은 없었다는 답변이 돌아왔다. 오히려 매출이 발생하는 것이 신기하고 삶에 활력이 넘친다고 했다. 특히 낮에 발생한 매출보다 잠자고 있는 사이에 들어온 매출에서 훨씬 더 희열을 느낀다고 말했다.

"아침에 매출 알림 문자가 와 있으면, 누군가가 내가 잠든 사이에도 내 상품을 사준 것이 정말 고맙더라고요."

손 대표는 이미 기존에 하던 네일숍에 비해 스마트스토어 운영의 비중이 적지 않은 단계에 와 있다. 부업으로 시작한 일이 전업으로 뒤바뀐 셈이다.

2021년 손 대표는 나만의 상품을 확보한다는 계획을 세웠다. 위탁 상품과 병행해 나만의 상품을 갖고 있으면, 시즌 상품에 의존하는 매출의 비중이 줄어들고 더 안정적으로 사업을 할 수 있다는 판단에서다. 이 같은 상품 개발 노력이 성과를 내서 어렵게 달성한 빅파워 등급을 연중 지속적으로 유지하는 것이 손 대표의 목표다.

마음의 벽을 허물기까지 10개월
파워까지 5개월

닥터해죽순 대표 이원모

닥터해죽순 대표 이원모

이원모 대표는 2019년 10월 청주아카데미에서 시행하는 스마트스토어 교육을 들었지만, 10개월 동안은 실제로 판매해 볼 엄두를 못 냈다. 일주일에 한 번씩 강의실만 찾았다. 한 번만 수강료를 지불하면 재수강은 무료로 진행하는 이 교육 업체의 혜택을 톡톡히 본 셈이다.

컴퓨터를 전혀 몰랐던 60세 남성에게 스마트스토어 강의는 들어도 이해가 안 되는 미지의 세계였다. 그러나 서당 개 3년이면 풍월을 읊는다고 했던가. 2020년 8월부터 실제로 스마트스토어에 상품을 올려서 팔아 보겠다는 용기를 냈다. 그리고 5개월 만에 파워 등급에 도달했다. 물론 계절적 요인에 따른 전기매트 상품이 집중적으로 팔려 달성한 성과다.

그런데 또 다른 문제가 나타났다. 판매가 일시에 집중되는 계절 상품의 특성과 공급업체의 문제로 배송이 며칠씩 밀렸다. 당연히 소비자들의 클레임 전화가 빗발치고, 이를 해결하느라 진땀을 뺐다. 상품을 내릴까 고민도 해봤지만, 부딪혀 보자고 마음 먹고 밀고 나갔다. 한 달에 1천500만 원이 팔리면 500만 원이 취소 환불 건이었다. 이 대표는 "그때를 생각하면 힘은 들었지만 CS로 단련되고 나니 이제 두려움도 많이 사라졌다"고 말했다.

사실 이 대표가 스마트스토어를 접한 것은 2020년 8월보다 훨씬 더 이전이었다. 그는 아파트 관리사무소에서 기사로 일했는데, 안 아픈 곳이 없을 정도로 몸이 안 좋았다. 당뇨, 장염, 아토피, 간경화, 풍치, 우울증 등 그의 몸은 말 그대로 종합병원이었다. 당연히 건강에 관심이 많았고, 우연한 계기에 '해죽순'이라는 상품을 접하게 됐다. 해죽순을 섭취하며 눈에 띄게 몸이 좋아지는 것을 느끼자 직접 이 상품을 판매하는 데 나섰다.

주위 사람들에게 좋은 반응이 나타나자, 인터넷에서 더 많은 사람들에게 팔아 보기 위해 쇼핑몰 제작업체를 찾았다. 500만 원을 들여 자체 쇼핑몰을 만들고, 그 업체가 쿠팡과 스마트스토어에도 상품을 등록해 주었다. 인터넷에 진출하면 상품이 불티나게 나갈 줄 알았는데, 실상은 개점 휴업이나 마찬가지였다. 쇼핑몰 제작업체에서 스마트스토어에 상품을 등록해 준 것은 말 그대로 '등록만' 해준 것이었다.

상품 제목이나 상세페이지, 태그에 키워드가 안 들어가니 당연히 검색에서 밀렸을 터이다. 그런 상태로 몇 개월을 방치하다가 청주아카데미에서 블로그 교육을 수강한 것이 지금의 인연을 만들었다.

블로그 교육 수강이 끝나갈 즈음 스마트스토어 강좌가 개설된 것이다. 그 강좌에서 만난 강사를 이 대표는 자신의 멘토라고 여긴다. 그러나 수십 명을 상대로 진행하는 강사가 컴맹인 60대 남성의 수준에 맞춰서 강의한다는 것은 불가능한 일이다. 강의가 끝나고 강사님을 붙들어 개별적으로 나머지 공부를 하면서도 실제로 상품을 판매해 볼 엄두는 못 냈다.

이 사람 저 사람에게 수도 없이 묻기를 반복하다 보니, 이 대표에게 또 한 명의 멘토가 생겼다. 같은 강의를 듣는 40대 여성 동기생이다. 덕분에 그는 이제 포토스케이프엑스, 알캡쳐, 파워포인트, 미리캔버스 등을 자유롭게 활용할 수 있게 되었다. 상품 상세페이지를 직접 제작하는 것은 물론이고, 키워드를 개발하여 상품의 제목과 상세페이지, 태그에 활용하는 것도 어렵지 않은 수준에 올랐다.

알고 나니 별것 아닌 것을 처음에는 눈앞이 캄캄할 정도로 어렵게 느낀 것이었다. 스마트스토어 강좌의 동기생 멘토가 어린 아이 가르치듯 해준 눈높이 교육이 아니었으면 상세페이지를 직접 만든다는 것은 지금도 불가능했을 것이라며, 그 동기생에게 여러 번 감사를 표했다. 컴맹에서 출발하여 파워셀러가 되기까지, 이 대표에게는 두 사람의 멘토가 있었던 셈이다.

이 대표의 다음 목표는 확고하다. 2021년에 빅파워 등급을 달성하는 것이다.

"파워셀러가 되어서 좋긴 하지만 돈은 안 됩니다. 수수료, 광고비,

세금 등 계산해 보면 용돈벌이나 될까 말까 할 정도입니다. 그래서 올해 중으로 빅파워 등급에 도달하는 것이 목표입니다."

빅파워 등급에 도달하기 위해 이 대표는 두 가지의 실천 목표를 세웠다. 일단 상품 소싱에 더 많은 노력을 기울이겠다는 것이다. 매출이 많지는 않지만 꾸준히 판매되고 있는 '해죽순'만 고집하기보다, 팔리는 상품 개발에 더 많은 시간을 할애해야겠다고 생각하고 있다. 내가 팔고 싶은 것보다는 소비자가 사고 싶은 상품을 찾아서 팔겠다는 것이다.

다음으로는 꼰대 기질을 버리는 것이다.

"단톡방에서 함께 활동하고 있는 동기생들의 의견을 귀담아 들었다가 그대로 따라 해보니 성과가 나오더라고요. 과거의 고집은 버리고 잘하는 사람들의 방법을 따라 해보려고 합니다."

이 대표는 "갈 길이 아직 멀지만 빛을 보았다"고 표현했다. 빛이 보이기 시작하니 터널의 끝이 얼마 남았는지 가늠할 수 있게 됐다고도 했다. 2021년도에 빅파워 등급에 도달하는 그의 목표에 파란 불이 켜진 것처럼 보인다.

"지금 생각해 보면 인생을 너무 순진하게 살았어요. 조금 더 빨리 이런 일을 알았으면 인생의 터닝포인트가 빨랐을 겁니다. 그러나 지금도 늦었다고 생각하지는 않습니다. 제 친구들 중에 노트북을 갖고 다니는 사람은 저밖에 없습니다."

환갑의 이 대표가 스마트스토어와 함께할 인생 2막의 전개가 궁금하다.

04

100일 작전 전과 후

비엔마켓 대표 한종호

비엔마켓 한종호 대표는 수산물 수출회사에 재직 중인 직장인이다. 출근이 새벽 3시 반이고 보통 오전 10시 정도에 퇴근하는 근무라서 낮 동안의 남은 시간을 활용하기 위해 스마트스토어를 시작했다.

전산을 전공한 탓에 컴퓨터 활용 능력은 자신 있었고, 남는 시간에 위탁 판매로 용돈이나 벌어 보자는 생각으로 이 일을 시작했다. 친동생이 10년 전부터 쇼핑몰을 운영 중인 터라, 옆에서 봐 온 경험도 현실적으로 접근할 수 있는 계기가 되었다.

한 대표는 파워 등급을 달성하게 된 결정적 계기로 스마트스토어 클럽에서 시행하는 '구미호 100일 작전' 참여를 꼽았다.

"제 셀러 생활은 확실히 '구미호 100일 작전' 전과 후로 나뉩니다. 8월 말에 작전을 종료했는데, 매출이 증명해 주더군요."

실제로 한 대표의 월 매출은 2020년 5~7월엔 40~50만 원 수준이었다. 그러나 100일 작전을 완료한 8월에 94만 원, 9월 160만 원 그리고 10월에 1천만 원의 매출을 달성하며 파워 등급에 도달했다.

"많은 사람들이 유료 강의를 수강하거나 광고를 집행했느냐고 물어오는데, 제 매출은 그 어떤 유료 마케팅 활동도 하지 않은 '구미호 100일 작전'의 결과물입니다."

100일 동안 꾸준히 상품을 등록하며 익힌 자신만의 방법으로 매출을 올리고 있다고 강조한다. 100일 작전을 하면서 여러 공급사 상품들을 등록해 보고, 어떤 공급사의 상품이 품절이 없고 배송이 빠르게 진행되는지를 체크하여 해당 공급사 상품 위주로 올렸다. 대다수 위탁 판매 셀러들의 애로사항인 불량 공급사를 걸러내기 위한 한 대표만의 노하우인 셈이다.

그는 이렇게 우량 공급사들의 상품을 선별해서 등록하는 과정에서도 몇 가지 스스로 터득한 방법을 동원하여 매출을 견인하고 있다.

"상단에 노출된 상위 상품들의 키워드를 참고하여 상품명을 만들었습니다. 따라 한 것도 있지만 제가 개발해서 추가 키워드를 만드는 등 키워드에 신경을 많이 썼습니다. 많은 사람들이 검색 수가 적은 중소형 키워드를 불신하는 경향이 있는데, 처음에는 대형 키워드보다는 검색 수는 적어도 상품도 많지 않은 중소형 키워드를 활용하여 내 상품이 상위에 노출되도록 하는 게 좋습니다. 그런 경험을 통해 자신감을 갖는 것이 중요합니다. 키워드 작업을 하면서 '고객들은 참 희한한 검색어로 들어와서 구매하는구나' 싶어 놀란 적이 많습니다."

한 대표는 "너무 기존 데이터에만 의존하지 말고 자신이 개발한 키워드를 적극적으로 활용할 필요가 있다"고 강조했다. 역시 스마트스토어 마케팅의 핵심인 키워드에 대한 정확한 이해가 성과를 내는 원동력이었던 셈이다.

아울러 상품을 소싱할 때 같은 카테고리의 다른 상품을 2~3일 연속으로 등록하여, 소비자 반응이 오는 상품이 나오면 그 상품 페이지로 다른 상품들을 옵션으로 추가해서 넣었다. 이 방법을 써보니 기존에 안 팔리던 상품들도 옵션 구매를 통해 팔리기 시작한 것을 확인할 수 있었다. 한 대표는 초보 셀러들에게도, 반응이 나타난 페이지로 연관 상품을 옵션으로 넣어서 판매할 것을 권유했다. 아무리 상세페이지를 잘 만들었어도 보는 사람이 없으면 무용지물이기 때문이다.

한 대표는 이 모든 방법을 '구미호 100일 작전'을 통해서 터득했다며, 스마트스토어를 시작한 사람들은 꼭 100일간의 상품 등록 약속을 세우고 실천해 보라고 힘주어 말했다.

"100일 작전은 상품 소싱하는 눈도 키우고, 좋은 공급사와 안 좋은 공급사를 걸러내는 시간이라고 생각합니다. 아울러 셀러 본인의 능력을 업그레이드 시킬 수 있는 중요한 시간입니다."

그는 또다시 리턴즈 100일 작전을 시작했다. 첫 번째 100일 작전 때보다 여유롭게 상품을 판단하고 작업이 더 능수능란해졌다. 두 번째 100일 작전이 끝날 때쯤이면 어떤 성장을 할 수 있을지 자못 기대가 크다고 한다.

파워 등급을 달성하고 나니 스마트스토어를 추가로 개설하는 것이 가능해졌다. 한 대표는 자신의 본업인 수산물 관련 상품을 전문으로 판매하는 스토어를 개설했다. 자신이 가장 잘 아는 분야의 전문 몰을 만들면 위탁 상품을 확보하기도 수월하고, 직접 사입을 해도 안전하게 진행할 수 있다는 판단에서다. 물론 직접 종사하는 분야이니 더 큰 마진을 확보하는 방법도 알고 있고, 위탁업체에 월말 결제를 진행할 수 있어 자금 순환도 용이하게 진행할 수 있다.

이렇게 위탁 상품 위주의 '종합 몰'과 위탁 및 사업을 병행하는 '전문 몰' 두 개를 빅파워 등급으로 육성하는 것이 한 대표의 목표다.

씨앗에서 빅파워까지, 생생한 이야기들

셀러이자 공급자로서의 역할을 향해

"여러 번의 사업 실패 경험이 저에게는 소중한 자산이었습니다."

온오프라인 유통회사 도원의 안성준 대표는 2015년 근무하던 직장이 갑작스럽게 폐업하면서 창업을 결정했다. 미역과 다시마의 가공 제품을 직접 온라인과 오프라인에서 유통하는 사업이었다.

꾸준한 노력으로 매출이 올라올 시점에 첫 번째 시련이 찾아왔다. 오프라인으로 대량 주문을 받고 납품했으나, 결제를 받지 못하는 유통 사기를 당한 것이다. 이 일의 여파로 2년 만에 사업을 중단했다. 이후에도 여러 일들을 시도했지만, 하는 일마다 실패를 맛보는 불운의 시간이 3년 정도 이어졌다.

그러다가 "위탁 판매를 하면 재고를 확보하지 않고도 상품을 판매할 수 있다"는 유튜브 방송을 접하고, 2020년 3월부터 위탁 상품 온라인 유통을 시작했다. 온라인 위탁 판매는 '최소의 자본으로 무재고 판

매가 가능'하다는 점과 '결제의 안전성이 확보'되는 거래였기에 이전의
아픔은 겪지 않아도 된다고 판단했기 때문이다.

온라인 판매에 대한 경험이 있었기에 처음부터 다채널 판매를 계
획하고 스마트스토어, G마켓, 옥션, 쿠팡, 11번가, 카톡스토어에 입점
하여 판매를 시작했다. 판매 개시 이후 3개월 만에 월 매출 1천200만
원을 돌파했다. 기존 사업 실패에서 얻은 교훈과 경험들이 빠른 정상화
의 밑바탕이 됐다.

이 사업에서 수익이 나기 시작하면서 더 다양한 상품을 공급해 줄
위탁 상품 플랫폼을 찾는 과정에서 케이셀러를 알게 되었다. 그는 "도
매사이트의 대부분은 소통이 안 되고 일방적인 품절과 단종이 잦은 데
비해, 케이셀러는 거래를 공급사와 셀러에게만 맡기지 않고 본사에서
적극적으로 개입하여 셀러들의 애로사항을 해결해 주려는 노력이 인상
적이었다"고 말한다.

다채널 판매를 하면서 스마트스토어에는 큰 힘을 쏟지 않았는데,
네이버 카페 스마트스토어클럽에서 운영하는 '구미호 100일 작전'에
참여하면서 그동안 손을 놓고 있었던 스마트스토어를 집중 관리하기
시작했다. 사업 시작 이후 매일 상품 등록을 해온 터라 안 대표에게는
'구미호 100일 작전'도 낯선 일이 아니었다.

그전에는 스마트스토어에 약 4천여 개의 상품을 일괄 등록으로
업로드 해두고 방치했었다. 그 결과, 스마트스토어 매출은 월 100만 원
도 안 나오는 수준이었다. 다채널 운영을 하며 쿠팡, G마켓, 옥션 등에

93

서 이미 파워딜러를 달성하고 있는 상황이었기에 스마트스토어에 대한 중요성을 크게 생각하지 않았기 때문이다.

그러나 '구미호 100일 작전' 미션을 수행하면서 매일 상품을 등록하고 관리한 결과, 첫 달에 220만 원, 두 번째 달에 160만 원, 세 번째 달에 300만 원, 그리고 4개월차에 접어들어 600만 원의 매출을 발생시키며 파워 등급을 달성했다. 집중관리 이전 월 100만 원도 나오지 않았던 스마트스토어가 몰라보게 성장한 것이다. 물론 다른 채널의 매출을 모두 합치면 위탁 판매로 월 3천만 원 정도의 매출을 기록하고 있다.

안 대표가 파워 등급을 달성한 데는 대량 구매 고객의 역할이 컸다. 문구류와 명절 선물세트 등 대량 납품이 가능한 키워드를 개발하여 노출한 결과, 수십만 원이 넘는 주문 건을 확보할 수 있었던 것이다.

"기업 고객들은 처음에는 구매 수량이 적어도 장기적으로 보면 재구매율이 높습니다. 처음부터 대량 구매를 해주는 고객은 응대 방법에 따라 단골 고객으로 만들 수도 있습니다. 현재 거래 업체들은 제 스토어에 없는 물건도 구해 달라고 할 정도로 단골 고객이 됐습니다."

안 대표는 대량 주문 고객을 확보하기 위한 키워드 개발 및 응대 요령에 대해 여러 차례 반복해서 강조했다. 그는 온라인 시장도 거래 형식만 다를 뿐 오프라인 사업과 크게 다르지 않다고 생각한다. 오프라인 유통 경험을 온라인에 접목하여 상품을 등록하고, 친절한 고객 응대를 통해 재구매를 유도한 것이 지금의 결과를 만들었다는 것이다. 이의 연장선에서 그는 C/S를 바라보는 시각도 남다르다.

"처음에는 C/S 처리가 쉽지 않았는데, 저만의 노하우를 만들어 나가다 보니 최근에는 반품을 위해 전화한 고객들에게 오히려 상품을 더 판매하게 된 경우가 많습니다. 반품 전화 10건 중 9건 정도를 반품이 아니라 재판매로 전환하면서 고객 응대의 중요성에 대해 느끼게 되었습니다. C/S 전화가 두렵기는커녕 오히려 즐겁기까지 합니다."

안 대표는 스마트스토어를 비롯해 쿠팡, G마켓, 옥션, 11번가 등 다양한 채널에서 채널당 4천여 개의 상품을 판매 중이다. 이렇게 많은 상품을 등록하고 주문 건을 처리하기 위해 쇼핑몰 통합관리 솔루션을 사용하고 있다. 스마트스토어는 검색엔진 최적화에 부합하게 상품을 개별 등록하지만, 다른 채널에는 통합 솔루션을 통해 일괄 등록하는 방법을 택하고 있다.

"스마트스토어만 고집할 필요는 없다고 봅니다. 통합관리 솔루션을 활용해 다채널 판매를 하면, 스마트스토어를 포기할 가능성도 훨씬 줄어듭니다. 스마트스토어는 빅파워까지 성장하는 데 시간이 소요되는데, 그 시간을 버틸 수 있는 동력을 다양한 채널에서 만들어주기 때문이지요."

위탁 판매를 활용한 온라인 유통사업으로 안 대표는 과거의 어려움에서 벗어났다. 앞으로 이 분야에서 안 대표가 꼭 해내고자 하는 목표가 있다. 자신의 상품을 OEM으로 제조하여 셀러이면서 동시에 공급자로서의 역할을 하는 것이다. 셀러로서의 매출과 공급자로서의 매출이 균형을 이루는 시점에 도달하는 것이 안 대표의 목표다.

구미호 100일 작전 성공 후기

초보 스마트스토어 사업가들이 '구미호 100일 작전'을 완주하고 스마트스토어클럽 카페에서 작성한 생생한 후기입니다. 스마트스토어에 대해 문외한이었던 사람들이 100일간의 상품 등록을 통해 온라인 유통을 이해하며 성장해 가는 과정이 사실적으로 묘사되어 있습니다.

100일 작전을 완주하며 겪는 가장 큰 변화는, 스마트스토어 활성화를 통한 매출 상승과 함께 스마트스토어 운영자 자신의 변화입니다. 수시간씩 걸리던 상품 등록이 100일 작전을 종료할 때쯤에는 몇 십 분으로 단축되고, 고객 클레임을 두려워했던 초보자가 능숙하게 응대하면서 오히려 재구매를 유도하여 성사시킬 정도가 됩니다.

어떤 일이든 인내심을 가지고 꾸준히 해야만 성과를 낼 수 있다는 이치를 깨달아 나가는 과정이기도 합니다. 따라서 100일 작전은 궁극적으로 나를 변화시키는 일입니다. 수많은 유혹과 나태를 이겨내고

100일 작전에 성공한 사람들은, 사실 다른 일을 해도 성공할 수 있는 자질을 갖춘 사람들입니다. 100일간 자신과의 싸움을 이겨낸 사업가 열 명의 후기에서 성공의 요체를 발견해 보시기 바랍니다. 글 말미의 괄호 안은 작성자의 카페 닉네임입니다.

저는 아이 둘을 키우며 2020년 6월에 스마트스토어를 처음 시작했고, 유튜브를 통해서 '구미호 100일 작전'을 알게 되었습니다.

스케치북에 도전 날짜를 써 붙이고 매일 인증 제목에 '00일차 00회차'를 써서 인증하였습니다. 그리고 비슷한 날짜에 함께 도전하는 분들께 열심히 댓글을 달아서, 서로 댓글을 주고받으며 응원도 하고 자극을 받으며 함께 해나갔습니다.

대단한 감각과 기술이 없는 저 같은 평범한 셀러들에게 꾸준함과 성실함은 최고의 무기가 될 수도 있겠다는 것을 느꼈습니다. 100일 작전 동안에 상품 등록, 주문, 배송, 구매 확정, 반품, 환불, 교환 등 다양한 경험을 쌓았습니다. 매번 물건을 구매만 해보던 초보 셀러가 판매자가 되어가는 마인드 세팅 과정이었습니다.

100일 작전을 통해서 제가 얻은 것은 스스로 해보는 '내 경험'과 '내 훈련'이었습니다. 3개월 조금 넘는 시간 동안 첫 주문이 들어와서 미친 듯이 기뻐하다가도, 말도 안 되는 1점 첫 후기가 달려서 몇 개 팔리기 시작하던 상품 판매가 0으로 돌아가기도 했습니다. 한 상품 주문이 많이 들어와 신나서 발주를 넣었는데 도매 사이트에서는 품절이라 고객께 주문 취소를 부탁하기도 하고, 발송 지연을 걸지 않아서 패널티 2점 받고 완전 우울해지기도 했으며, 하루 종일 주문이 없어서 마음 졸이다가 밤 10시에 주문 알림문자를 보고 엉엉 울기도 했지요.

이런 다양한 경험을 통해 많은 것을 깨닫고 배울 수 있었습니다. 100일 작전이 끝난 지금은 처음보다는 한 단계 판매자 마인드로 옮겨가 있는 것 같습니다. 이미 완주하고 나니 정말 아무것도 아닌 일처럼 느껴지지만, 진행 과정에 있을 땐 어렵고 멀고 막막하고 별의별 생각을 다하던 지난 날이었습니다.

현재 그 과정에 계신 모든 셀러 님들이 절대 포기하지 않고 목표하시는 곳에 꼭 도착하시길… 온 마음을 다해 응원합니다.　〈왕당당〉

100일 작전으로 얻은 세 가지 변화

105일 만에 '구미호 100일 작전'을 마쳤습니다. 저는 스마트스토어 오픈과 100일 작전을 거의 같이 시작했는데, 100일 작전을 통해 세 가지를 얻었습니다.

첫째는 매출의 변화입니다. 처음 시작한 2020년 10월은 10만 원, 11월에는 110만 원, 12월에는 100만원, 2021년 1월에는 270만원의 매출이 발생했습니다.

다른 분들이 1천만 원씩 매출 인증하시는 걸 보고 그만큼 엄청난 노력과 시간을 쏟아부었음을 제대로 깨달았습니다. 저는 근무시간 때문에 하루에 1~3시간 정도밖에 투자할 수 없었거든요. 매출은 역시 투자한 시간과 노력만큼 돌아오는 것 같습니다.

둘째는 경험입니다. 아무것도 모르던 초보 셀러가 해야 할 것은 일단 습득이라고 생각했고, '구미호 100일 작전'은 최적의 이벤트라고 여겨졌습니다. 100일 작전의 제일 큰 성과는 수많은 경험을 쌓은 것이라고 생각합니다.

100일 동안 말도 안 되는 CS도 경험해 보고, 광고 실수로 마이너스 판매도 해보고, 송장번호를 어떻게 알아내는지 몰라서 하루 종일 헤맨 날도 있었습니다. 이 모든 것들이 소중한 경험이었습니다.

셋째는 '하면 된다'는 자신감을 얻었으며, 더 큰 매출도 가능하다는 증거를 확인했습니다. 100일 작전으로 스마트스토어의 기본을 습득했으니 다른 부분도 습득하려고 합니다. 알면 알수록 배울 것이 많아지는 것 같습니다. 월 매출 1천만 원을 인증하는 날까지 꾸준히 달려보겠습니다.   〈찬눙〉

100일의 미션 수행, 작지만 큰 변화

솔직히 다른 분들에 비해 너무나 초라해서 후기를 쓰기도 부끄럽습니다. 하지만 저에게는 작지만 큰 변화가 있었고, 배움도 많았습니다. 인터넷에서 물건 하나 사본 적 없는 저로서는 나름 만족합니다. 처음에 상품을 올리고 수정하고 반복하는 작업이 쉽지는 않았지만, 주문이 들어올 때의 그 기쁨은 이루 말할 수가 없었습니다.

23년을 강의와 유통 일만 하다 코로나19로 인하여 난감하던 차에 지인이 쇼핑몰을 해보라고 권하여 시작하게 되었고, 유튜브로 배웠습니다. 하지만 수십 번의 멘탈 붕괴를 경험하면서 힘들었는데, 마침 케이셀러와 '구미호 100일 작전'을 알게 된 것이 초보인 저에게는 결정적인 계기가 되었습니다.

'밥은 한 끼 안 먹어도 매일 상품 하나 이상은 올리자' 스스로 약속했습니다. 출장을 자주 다녀야 하는 일 때문에 임시저장까지 해놓으면서 상품을 올렸습니다. 120일 기간을 주셨는데, 하루 빠지고 101일 만에 완주했습니다.

워낙 컴맹이라 주문은 많지 않지만, 이번 일을 통해 꾸준히 해나간다는 것이 얼마나 중요한지 깨달았습니다. 아직 갈 길이 멀고 부족한 저이지만 계속 상품을 올리며 성장해 보고자 합니다. 〈김원장4105〉

100일 완주가 이렇게 보람된 일인 줄 몰랐습니다

스마트스토어를 개설하고 운영한 지는 1년 정도 되었는데, 매출이 계속 멈춰 있어 흥미를 잃어 가던 차에 우연히 '구미호 100일 작전'을 알게 되었습니다. '100일 후 과연 매출이 달라져 있을까?' 하는 기대는 반반이었던 것 같아요. 매출을 떠나서 초심을 다시 잡아보자는 마음으로 시작했습니다.

상품을 등록하고 카페에 인증샷 올리는 것을 잊은 적도 있고, 육아와 집안일 등의 이유로 상품 등록을 못한 날도 있어 불안했지만, 그래도 미션 종료 기한을 일주일 정도 앞두고 여유 있게 성공해서 정말 기쁩니다.

이게 이렇게 보람될 줄은 몰랐는데, 완주를 했다는 것만으로도 꽤 보람이 느껴지고, 스토어가 판매되는 상품으로 조금씩 채워지는 것에 재미도 느꼈던 것 같습니다. 무엇보다 상품이 채워지니 유입 수가 눈에 띄게 좋아졌습니다. 그로 인해 판매도 많이 늘었고, 매출도 전보다 2배 이상 늘었습니다. 엄청 큰 폭은 아니지만, 저는 만족하고 있습니다.

확실히 판매가 느니 다시 재미도 생기고 의욕도 생겼습니다. 천천히 조바심 내지 않고 긴 호흡으로 가보려 합니다. 100일 미션이 끝났다고 하니 매일 미션 인증 후 같이 맥주 한 잔씩 하던 남편이 제일 기뻐해 주네요. 100일 미션은 끝났지만, 마음을 다잡고 꾸준히 이어 나갈 계획입니다.   〈초코송송이〉

100일은 결코 짧은 시간이 아니었습니다. 직장생활을 하면서 매일 하나씩 상품을 올린다는 것도 쉽지 않았습니다. 퇴근하고 이것저것

씨앗에서 빅파워까지, 생생한 이야기들

한다고 정신을 다른 곳에 팔다 보면, 아차 하는 순간 자정이 지나버려서 그날은 상품을 못 올리는 경우도 몇 번 있었습니다. 다행히 120일이라는 시간을 주셔서 안전하게 완수하게 된 것 같습니다.

직장생활이 미래를 보장해 주지 않아 투잡이 유행하는 걸 보면서 뛰어들었습니다. '구미호 100일 작전'을 시작하기 전에는 한 달 매출이 몇 십만 원이라도 나오면 잘 나오는 것이었는데, 100일 작전을 하면서 확실히 변화가 생겨 지금은 월 매출이 200만 원 넘게 발생합니다.

몇 개의 상품은 재구매가 발생하는 단계에 접어들었고, 100일 작전 시작 이전에 등록했던 상품도 100일 작전의 영향을 받아서인지 꾸준히 나가는 것 같습니다.

100일 작전은 마쳤지만, 초심을 잃지 않고 계속해서 매일 하나씩 등록한다는 각오로 열심히 해나간다면 앞으로 매출이 더 오를 것이라고 기대해 봅니다. 〈the K〉

약해지지 마

2020년 연초에 회사 퇴사 후 우연히 알게 된 유튜브 채널을 보고 스마트스토어를 준비하게 되었습니다. 유튜브 강의를 보고 스마트스토어를 쉽게 생각했습니다. 그러나 역시 아는 것과 행하는 것의 차이를 절감할 수 있었습니다.

지인의 제조업체에서 제품을 소싱할 수 있다는 기대로 제품에 대한 고민은 하지 않았는데, 받을 수 있는 물건이 전혀 경쟁력이 없는 제품들이었습니다. 심지어 가격도 네이버에서 검색하면 더 싸게 파는 스토어가 있을 정도였습니다.

결국 스토어에 올릴 제품을 찾기 위해 위탁 도매 사이트들을 찾기 시작했습니다. 하지만 막상 무엇을 올려야 할지 막연했습니다. 주위에 물어볼 데도 없고, 유튜브와 책으로만 본 스토어와 실제 제품을 등록하면서 겪었던 스토어는 많은 차이가 있었습니다. 그런 상황에서 케이셀러를 알게 되었습니다.

처음 접한 케이셀러 제품들도 위탁 판매의 한계상 마진이 많이 남는 제품들은 아니어서 잠시 100일 작전에 대한 고민도 있었습니다. 하지만 초보 셀러의 입장에서는 별다른 선택지가 없었습니다. 매출 목표보다는 등록 목표가 있는 100일 작전이 저에게는 현실적으로 느껴졌습니다.

가끔 들어온 주문을 위탁 업체에 배송 주문하고, 배송 과정을 일일이 체크하는 과정에서 제품을 사용하실 고객님들을 상상하면 즐거웠습니다. 검색을 통해 제 스토어를 방문해 준 고객님들이 반갑고 신기했습니다. 위탁 판매 기간을 지나 사입을 하게 되면, 고객님에게 감사의 편지를 같이 보내고 싶은 마음이 들 정도입니다.

앞으로 스토어의 꽃을 피우고 파워셀러가 될 그날까지 200일, 300일 작전은 계속될 것입니다. 일본의 100세 시인 시바타 도요 할머니의 시 〈약해지지 마〉로 글을 마무리하고자 합니다.

있잖아, 불행하다고 / 한숨짓지 마

햇살과 산들바람은 / 한쪽 편만 들지 않아

꿈은 평등하게 / 꿀 수 있는 거야

나도 괴로운 일 많았지만 / 살아 있어 좋았어

너도 약해지지 마 〈드림곰〉

많은 분들처럼 유튜브를 보다 케이셀러를 알게 되어 바로 회원으로 가입하고 상품을 올리기 시작했습니다. 이틀 동안 고생해서 첫 상품을 등록하고, 첫 100일 작전 인증샷을 올렸습니다. 말하자면 인증샷을 올리기 위해 첫 상품을 등록한 것이지요. 아마 100일 작전이 없었다면 스마트스토어를 시작할 엄두도 못 냈을 것 같습니다.

그리고는 노트에 달력을 만들어 하루하루 날짜를 지워 가며 100일 작전에 돌입했습니다. 14일 만에 첫 주문이 들어오고, 100일 작전을 하는 동안 꾸준히 주문이 들어왔습니다. 시작한 지 얼마 안 되어 카페에서 주관한 구미호 특강을 듣게 되었고, 한 번 들어서 다 이해되는 것은 아니지만 키워드의 중요성과 상세페이지에 정성을 들여야 한다는 점을 배웠습니다.

비록 남들과 같은 상품을 올리더라도 포토샵을 배워 조금씩 변화를 주며 정성을 들이다 보니, 어느새 상품에 대해 애착이 생겨났습니다. 상품 하나를 올리더라도 알고 올리자는 생각으로 모르는 단어도 찾아보게 되고, 제 나름의 풀이도 곁들이고 있습니다.

꾸준히 주문이 들어올 정도로 성공을 거두었다고 말하기에는 부끄러운 금액의 이익이지만, 100일 작전을 하면서 '하면 되겠다'는 희망을 발견했습니다. 100일 작전 기간 동안의 경험이 이 일을 해나가는 동안의 소중한 밑거름이 되리라 믿습니다. 100일 작전은 끝났지만, 상품 등록은 계속됩니다.   〈krafty〉

코로나19가 터지면서 많이 힘들어진 여행업계 사람들 중 한 명입니다. 외국 생활을 미뤄두고 한국에 들어와서 막막했을 때 만난 것이 한국의 스마트스토어 붐이었습니다. 사업자등록을 한 후에도 한 달 정도 지나고 나서 유튜브를 보면서 시작했습니다.

그러다 지인 분의 소개로 케이셀러와 '구미호 100일 작전'을 알게 되었습니다. 다른 분들처럼 첫 주문이 받고 '이게 정말 팔리네?', '와, 이걸 사가는 사람도 있구나' 하며 들떴던 기억은 지금도 생생합니다.

물론 주문이 들어와 공급사에 배송을 요청했다가 품절이거나 단종된 상품이라는 통보를 받고, 고객께 연락하여 구매 취소를 하는 등 다양한 경험도 쌓았습니다.

120일 안에 100회를 등록해야 한다는 강박관념으로 무턱대고 컴퓨터 앞에 앉았고, 밖에 나가 있을 땐 스마트폰으로 어렵게 등록하면서 중간에 8일 빠지고 완주했습니다.

술 취해도 앉아서 상품 등록, 자다 일어나서 상품 등록, 잠들기 전에 상품 등록… 그렇게 하다 보니 점점 매출이 올라오고, 그 기분에 또 다시 컴퓨터에 앉아 상품 등록을 하는 저를 발견했습니다.

많은 유튜버들이 말하듯, 하루 2시간 투자해서 한 달에 많은 수익을 가져갈 수 있다? 아니오, '그런 사람이 과연 몇 명이나 있을까'라는 생각은 여전합니다.

그런데 '구미호 100일 작전'을 완수하고 나니 점점 욕심이 생기고 오기가 발동합니다. 아직 미흡하지만 더 나은 내일을 생각하며 오늘도 상품을 등록하러 갑니다. 이게 습관인가 싶습니다.

100일 동안 꾸준하기가 쉽지는 않습니다. 대단한 것이 아니더라도 이런 꾸준함을 키우기 위한 게 바로 100일 작전의 큰 그림 아닌가 싶습니다. 좋은 습관을 가르쳐주셔서 감사합니다.   〈케이〉

위탁은 확률 싸움, 그 확률을 높이는 것이 100일 작전

2019년 8월에 스마트스토어를 개설하고 이렇다 할 판매도 없이 시간만 지났습니다. 물론 시작할 때는 어느 정도의 자신감과 기대감도 있었지만, 역시 온라인 판매는 쉬운 것이 아니었습니다.

원래 웹디자인 일을 했기 때문에 그래도 좀 더 알고 있다고 생각

했는데, 완전한 오산이었습니다. 상품 소싱부터 뭐 하나 정말 쉬운 것이 없더군요. 2020년 5월부터 다시 시작해 보자 마음 먹고 100일 작전에 참여, 매일 적어도 한 개 이상의 상품을 올리기 시작했습니다.

그리하여 8월에 파워 등급을 달성해 유지하고 있습니다. 8월에 790만 원, 9월에 1천50만 원을 판매했습니다. 물론 위탁으로 빅파워까지 달고 계신 분들에 비하면 아직 갈 길이 멀지만, 그래도 목표한 바를 계속 유지할 수 있어서 다행이라고 생각합니다.

저는 사입 없이 순수 위탁 판매만 하고 있습니다. 위탁이 될까? 100일 작전이 의미 있을까? 의문이신 분들도 계실 겁니다. 저도 작년에 판매 안 될 때는 그런 생각을 많이 했습니다. 그러다가 위탁으로만 빅파워를 달고 있는 스마트스토어 몇 개를 보게 되었고, '위탁으로도 될 수 있겠다' 싶었습니다.

온라인 시장에서 위탁으로 버티는 방법은, 상품을 많이 올려야 한다는 것이 제가 내린 결론입니다. 그것도 아주 많이. 그래서 100일 작전이 통하는 것 같다는 생각이 듭니다.

위탁은 확률 싸움이고, 그 확률을 끌어올리는 방법은 상품을 많이 등록하는 것이라고 생각합니다. 물론 상품을 등록해도 노출이 안 되면 의미가 없겠죠? 상품 노출 방법은 아마 스스로 깨우치실 수밖에 없을 거라고 생각합니다.

100일 작전을 완수하고 파워도 달아보면서 느끼고 경험한 점은, 결국 이 온라인 판매는 쉽지 않으며 위탁은 더 그렇다는 겁니다. 아마

씨앗에서 빅파워까지, 생생한 이야기들

대부분이 포기하고 소수의 몇 분만이 계속 이어갈 수 있을 겁니다. 취미로, 부업으로, 조금 시간을 투자해서는 성공하기 어려운 구조가 맞습니다. 100일 작전은, 그 길고 지루하고 어려운 싸움을 계속 해나갈 수 있는 원동력을 제공하는 것이라고 생각합니다. 모두 힘든 싸움에서 건승하시길 바랍니다.   〈쇼핑의발견〉

방향이 맞으면 목표에 꼭 도달할 것이라는 믿음으로

저는 2020년 1월 초부터 스마트스토어에 관심을 가지기 시작해 3월 초에 본격 결심, 3월 중순경에 스토어를 오픈하고 얼마 지나지 않아 케이셀러를 알게 되었습니다. '정말 될까?' 하는 반반의 마음으로 100일 작전을 시작하게 되었고, 처음에는 하루에 하나 올리기도 힘들었던 것 같습니다.

5월부터는 청주아카데미의 스마트스토어 강의 7기에 참여하였습니다. 강사님이 동기부여와 방향 제시를 해주신 것이 저에게는 많은 도움이 되었습니다. 그 이후로는 상품 등록 속도도 빨라지고, 트렌드를 보려는 노력도 계속하고 있습니다.

6월, 7월이 되어 조금씩 판매가 되기 시작하면서 여러 가지 경험들을 할 수 있었습니다. 예상도 못한 상품이 팔릴 때의 기쁨, 대량 구매 문의, 주문 들어온 상품이 도매 사이트에서 품절된 것을 처음 확인했을 때는 얼마나 당황했던지…. 물론 지금은 아무렇지도 않게 처리할 수 있게 되었습니다.

저의 주문 실수, 고객의 환불 요청, 냉동상품 배송 지연 사고 등… 이 모든 것들이 시도하지 않았다면 겪어보지 못했을 꼭 필요한 경험들이었던 것 같습니다.

제 스토어에는 케이셀러 상품을 비롯해 다른 위탁 사이트의 상품과 제가 직접 연락하여 위탁받은 상품들도 있습니다. 직접 사진을 찍어서 상세페이지를 꾸며보기도 하고, 상품에 대한 블로그 글을 쓰기도 합니다. 이 과정에서 가족들이 많이 도와주고 있답니다.

최근에는 제가 관심 있는 분야의 박람회에 가서 동향도 보고, 위탁 가능하냐고 문의도 해보았습니다. 아직 박람회에서의 위탁 소싱에 성공하지는 못했는데, 계속 추진해 보려고 합니다.

현재 제 스토어는 매출이 늘어나고는 있지만 만족할 만한 수준은 아닙니다. 하지만 저는 계속 앞으로 나아가려고 합니다. 방향이 틀리지 않다면, 언젠간 제가 원하는 곳에 도달할 수 있겠지요? 〈아홉바다〉

**스마트스토어
성공의 조건**

구미호 100일 작전

3장

스마트스토어
비즈니스맨이 된다는 것

기본에 충실하자

부동산 중개업을 하는 사이 좋은 친구 셋이 있습니다. 토지를 주로 중개하는 A와 아파트 중개 전문가인 B, 그리고 상가나 오피스텔 거래를 성사시키는 데 능력을 갖고 있는 C. 세 사람은 틈나는 대로 A의 사무실에서 만나 시간을 보내곤 합니다.

이 세 사람 중 누가 돈을 가장 많이 벌 수 있을까요? 거래건수는 적지만 거래금액이 큰 A를 지목하는 사람도 있을 테고, 토지에 비해 상대적으로 규모는 작지만 거래가 활발한 아파트나 상가를 중개하는 B나 C가 더 많은 수익을 낼 것이라고 생각하는 사람도 있을 겁니다.

이 질문의 답은 A입니다. 왜냐하면 이 세 사람은 A의 사무실에서 시간을 보내기 때문입니다. A가 자신의 사무실을 지키는 동안 B와 C의 사무실은 문이 닫혀 있습니다. 부동산 중개를 하든 장사를 하든, 가장 중요한 것은 '문을 열어두어야 한다'는 점입니다. 손님이 있고 없고는 중요하지 않습니다. 모든 사업의 시작은 문을 열어두는 것에서부터 출발합니다.

사업을 하다 보면, 우연한 계기로 만들어진 거래가 큰 성과를 내는 경우가 많습니다. 치밀한 기획과 에너지를 쏟아부은 일에서는 손실을 보고, 우연히 만들어진 일에서 큰 이익을 보는 경우가 허다합니다.

우리가 우연이라고 치부하는 일들도 사실 많은 필연적 요소들이 조합되어 나타납니다. 부동산 거래를 문의하러 온 손님이 A의 사무실을 방문한 것은, 토지를 매매하고자 하는 목적을 가지고 부동산 사무실을 조회하여 방문한 필연의 결과입니다. 손님이 오는 그 시간에 문을 열어두고 맞이한 필연적인 행동에 의해, 우연적인 만남과 거래가 성사된 것입니다.

그러나 B와 C는 자신의 사무실 문을 닫아 놓음으로써 필연적인 행위에 의해 오는 손님을 맞이하지 못하고, 결국 우연한 만남과 거래를 성사시키지 못한 것입니다. 때문에 모든 사업의 결과는 우연적이지 않습니다. 내가 문을 열고 손님을 맞이할 준비가 되어 있을 때, 우연은 거래의 필연적인 요소가 되는 것입니다.

쇼핑몰 운영자들에게는 연중 대량 매출을 일으키기 위한 몇 번의 기회가 있습니다. 바로 시즌 상품 판매철입니다. 설 명절, 신학기, 가정의 달, 여름 상품, 추석 명절, 빼빼로데이, 수능, 크리스마스 등 특정 상품의 매기가 쏠리는 기간입니다.

특히 명절 선물세트는 시즌 막바지에 이르면 가격이 다소 비싸더라도 판매 중인 상품이 있으면 매출이 일어나는 경우가 많습니다. 시즌 막바지로 오면 대부분 품절되어, 가격 비교 없이 구매하는 소비자가 많아지기 때문입니다. 명절이 끝나기 전에 판매를 완료하지 못하면 악성 재고로 남기 때문에 유통업체들이 선물세트 수량을 한정하여 준비한 결과입니다.

시즌 상품을 잘 준비하면 대량 판매를 통해 매출 가능성을 높일 수 있습니다. 아직 쇼핑몰 운영을 통해 성과를 내지 못한 초보자들에게, 대량 판매는 이 사업을 포기하지 않도록 동력을 유지시켜주는 역할을 하기도 합니다.

누가 이런 대량 판매의 기회를 잡을 수 있을까요? 바로 사전에 상품을 등록해서 준비 중인 사람입니다. 명절 선물세트 판매 시즌임에도 불구하고 명절 상품을 등록하지 않았다면, 명절 상품을 구매하러 온 손님에게 내 가게는 문을 닫아둔 것이나 다름없습니다.

준비된 자만이 기회를 잡을 수 있다고 말합니다. 준비는 특별한 일이 아닙니다. 가장 기본적인 일을 충실히 하는 것이 준비의 요체입니다. 내 가게의 문을 열어두는 것, 손님이 오셨을 때 눈살을 찌푸리지 않도록 깨끗이 정리정돈하고 청소하는 것이 중요합니다.

시즌이 다가 오기 전에 올해 시즌에 판매가 예상되는 상품을 골라 내 쇼핑몰에 미리 상품을 등록하고 기다리는 것. 바로 이것이 쇼핑몰을 운영하는 사람들에게는 시즌 상품 대량 판매를 위한 준비입니다.

사업을 하는 사람들은 대박을 노리는 경우가 많습니다. 큰 건 한

건을 통해 엄청난 수익을 발생시키고자 하는 꿈을 갖고 있습니다. 그러나 그 대박을 현실화시키기 위해서는 먼저 기본에 충실해야 합니다.

대박도 가게 문이 열려 있어야 가능합니다. 손님의 궁금증이 해소되도록 문의 사항에 완벽한 답변을 준비해 두어야 합니다. 판매자가 상품에 대해 정확히 알고 있지 않으면 소비자는 신뢰하지 않습니다. 때문에 판매자는 자신이 판매하는 상품에 대해 그 누구보다 완벽히 파악하고 있어야 합니다.

혹시 내 스마트스토어는 내팽개치고 다른 사람들의 스마트스토어만 기웃거리고 있지 않습니까? 손님이 방문했다가 주인장의 관리 흔적이 없어 그냥 지나치고 있을지도 모릅니다.

나아갈 때와 물러설 때

중국 역사 인물 중 가장 닮고 싶은 표상을 꼽으라고 하면 저는 세 사람을 지명하는 데 주저하지 않습니다. 바로 범려(范蠡), 장량(張良), 공명(孔明)입니다.

춘추시대 오월쟁패(吳越爭霸)를 월(越)왕 구천(勾踐)의 승리로 이끈 주인공 범려. 그는 오(吳)나라를 격파한 후, 모든 관직을 내려두고 미련 없이 월나라를 떠납니다. 고생은 함께해도 부귀는 나눌 수 없는 속 좁은 월왕 구천의 인품을 간파했기 때문입니다.

함께 떠나자던 범려의 청을 거부한 친구 문종(文種)은 끝내 구천에 의해 죽임을 당하고 토사구팽(兔死狗烹) 고사의 주인공이 됩니다.

월을 떠난 범려는 이름을 바꾸고 사업가로 대성하여 큰 재물을 모아 가난한 이들에게 모두 나누어줍니다. 또다시 장사를 시작하여 세 번씩이나 사람들에게 재물을 베풀어, 지금까지도 범려는 중국인들에게 상신(商神), 재신(財神), 상성(商聖)으로 추앙받습니다.

범려가 살던 시대를 300년 지나니 춘추오패(春秋五覇) 전국칠웅(戰國七雄)의 쟁패도 한 사람의 영광으로 귀결되니, 그가 곧 진시황(秦始皇)입니다. 수십 년도 못 돼 진나라는 또다시 초(楚)나라와 한(漢)나라의 핍박 속에 멸망하고, 두 영웅 항우(項羽)와 유방(劉邦)이 천하의 주인 자리를 겨루는 『초한지(楚漢志)』 시대가 열립니다.

유방을 초한전쟁의 최후 승자로 만들어 현대 중국의 시초를 만든 이가 장자방(張子房), 곧 장량입니다. 한(漢)나라의 재통일이 아니었더라면, 중국도 지금쯤 유럽처럼 30여 개의 나라로 쪼개져 있을 것이라는 부질없는 가설을 세워봅니다. 그만큼 중국 역사에서 유씨 왕조 한나라의 위치는 타 왕조를 압도합니다.

유방은 천하를 얻은 후 장량, 소하, 한신 덕분에 천하를 얻었음을 솔직하게 인정합니다.

"군막 안에서 계책을 짜 천리 밖 승부를 결정짓는 일이라면 나는 자방(子房)만 못하다. 나라를 안정시키고 백성을 달래고 전방에 식량을 공급하고 양식 운반로가 끊어지지 않게 하는 일이라면 내가 소하(蕭何)만 못하다. 100만 대군을 통솔하여 싸웠다 하면 승리하고 공격하였다 하면 틀림없이 손에 넣는 일이라면 내가 한신(韓信)만 못하다. 이 세 사람은 모두 인걸이고, 내가 이들을 쓸 수 있었다. 이것이 내가 천하를 얻은 까닭이다."

그러나 권력의 속성은 나눔을 거부합니다. 권위가 이미 주인을 위협하는 단계에 오른 한신은 죽임을 당하고, 소하도 목숨을 부지하기 위한 지난한 투쟁을 전개합니다. 장량은 벼슬을 거부하고 평온한 삶을 택합니다.

"달이 차면 반드시 기울고, 높은 곳에 오르면 떨어지는 법. 높은 자리에 오르는 것처럼 위험한 일은 없다."

장량이 벼슬을 거부하며 남긴 말입니다. 뜻을 이룬 후 미련 없이 떠나는 것이 300년 전 선배 범려를 닮았습니다.

고목은 쓰러지는 법. 400년 고목 한나라도 황건적의 난과 함께 종말로 치닫습니다. 또다시 천하의 주인 자리를 다투는 이들이 있으니, 바로 조조(曹操), 손권(孫權), 유비(劉備)입니다. "『삼국지(三國志)』 세 번도 안 읽은 사람과는 대화하지 말고, 『삼국지』 열 번 읽은 놈과는 상종을 하지 말라"고 했던가요? 『삼국지』 시대가 열린 것입니다.

유비를 도와 촉(蜀)의 기틀을 다지고 끝내 천하삼분지계(天下三分之計)로 촉의 영역을 확고히 한 데는 공명의 형세 판단과 전략이 없었다면 불가능한 일이었습니다. 아쉽게도 공명은 선배인 범려, 장량처럼 물러설 때를 잡지 못했습니다. 나이가 훨씬 많은 유비가 먼저 죽기 때문입니다. 유비는 죽기 전 아들 유선을 공명에게 부탁하며 고약한 유언을 남깁니다.

"보필할 만하면 보필하고 그러지 못하면 군(君) 스스로 취하라."

하늘의 이치를 통달한 공명이 역성혁명(易姓革命)을 일으키지 않을 것을 믿었기에 가능한 유언입니다. 이로써 유비는 인심 쓸 것 다 쓰고도 아들 유선의 강력한 후원자로 공명을 세웁니다.

제갈공명(諸葛孔明)이라고 어찌 제갈 씨의 왕조를 세울 욕심이 없었을까요. 그러나 그는 나아감보다는 물러섬을 택했습니다. 그것이 바로 후세인들이 지금도 그의 이름을 기억하고 논하는 이유일 것입니다.

2500년, 1800년 전으로 거슬러 올라 세 사람을 불러낸 데는 이유가 있습니다. 바로 이들이 몸을 지켜내고 후세 사람들에게 오랫동안 추앙받는 공통점, 나아갈 때와 물러설 때를 정확히 꿰뚫고 있었다는 점 때문입니다.

이들이 현대 자본주의 시대를 살았어도 큰 비즈니스맨으로 대성했을 것이라는 데 의심의 여지가 없습니다. 비즈니스만큼 나아갈 때와 물러설 때를 정확히 가려야 하는 영역이 또 있을까요?

사회의 많은 분야에서는, 한 번의 실수가 있어도 그 실수를 거울삼아 성공의 밑바탕으로 삼는 예를 어렵지 않게 찾아볼 수 있습니다. 그러나 비즈니스 세계에서는 한 번의 투자 실패와 판단 미스가 비즈니스를 망가뜨리고 그 사람의 인생을 송두리째 무너뜨립니다. 실패 후 재기 성공률이 사업보다 낮은 영역이 있을까 싶습니다.

사업하는 사람들은 많이 경험했을 것입니다. 홈쇼핑이나 온라인 매체에 혜성처럼 나타나 연일 매진 행진을 기록하는 상품을 보면, 그 상품을 취급하고 싶어 심장이 뜁니다. 끝내 최대 한도로 대출을 받아 과감하게 그 사업에 뛰어듭니다. 그러나 결과는 대부분 패배입니다. 그 이유는 물러나야 할 때 나아갔기 때문입니다.

상품을 취급하는 사람들에게는 나아갈 때와 물러설 때를 판단할 수 있는 아주 좋은 가늠자가 있습니다. 바로 TV 홈쇼핑입니다.

홈쇼핑 매체는 하루 24시간이라는 한정된 시간을 활용하기 때문에 타 유통 매체처럼 상품을 인큐베이팅, 즉 될 만한 상품을 선정하여 키우지 못합니다. 한정된 시간에 최대치의 매출을 끌어올리지 못하면 회사가 문을 닫아야 합니다.

그래서 홈쇼핑에 나오는 상품은 시장이 완전히 무르익어 매출이 폭발하는 시점에 다다른 상품들입니다. 달이 차면 기울고 산이 높으면 골이 깊은 법입니다. 주식도 줄 상한가를 치고 나면 긴 터널이 기다리지 않습니까. 혜성처럼 TV 홈쇼핑에 등장해 폭발한 상품들은 이제 내리막이 보이는 시점에 도달한 것입니다. 비즈니스 하는 사람들은 홈쇼핑에서 매진 행진을 하는 상품은 쳐다봐서도 안 됩니다.

'반 보 앞서'라는 말이 있습니다. 마케팅 세계에서는 1보가 1년을 의미합니다. 보통 머리 좋은 사람들은 4~5보, 즉 4~5년을 앞서서 상품을 판단합니다. 시대가 반드시 그 방향으로 갈 것임을 통찰하고 있기 때문입니다. 앞서가는 사람들의 판단은 대부분 맞습니다. 그러나 앞서가는 사람들은 대부분 망합니다. 시장이 성숙하기까지 버텨낼 여력이 없기 때문입니다.

선구자들이 망할 때쯤이면 시장이 무르익고, 그 기회를 잡는 사람은 따로 있습니다. 바로 '반 보' 앞선 사람들입니다. 물론 이 시점을 알 수 있다면 누군들 성공하지 못하겠습니까만….

스마트스토어 성공의 조건 구미호 100일 작전

그러니 ~~이제 나도 다시 한번 진심으로 물음에 답해보려 하는 데에 있다.~~ 내가 가는 방향은 맞는가? 나는 몇 보 앞에 서 있는가? 투자해야 할 때인가, 기다려야 할 때인가?

지금 이 시간 범려가, 장량이, 공명이 내 자리에 있다면, ~~그들도 지금처럼 기다려 있을까 조용히 할 것인가?~~

스마트스토어 비즈니스맨이 된다는 것

03

무엇을 남길 것인가

조선 후기의 대 실학자인 다산 정약용(茶山 丁若鏞)은 500여 권에 이르는 『여유당전서』라는 빛나는 유산을 남겼습니다. 그 『여유당전서』에 "농사일은 천하에 이문이 박한 것"이라는 말이 나옵니다. 다산이 제자 윤혜관에게 해준 말입니다. 또 임금에게 올린 소(疏)에서는 "이익으로는 장사가 으뜸"이라는 구절도 등장합니다.

물론 농업의 중요성과 농정의 개혁을 강조하는 과정에서 나온 말이지만, 다산은 우리나라에 자본주의가 태동하기 전인 18세기에 이미 장사가 농사보다 이문이 후하다는 사실을 간파했습니다.

맞습니다. 현대 자본주의 사회에서 부를 축적하기 위해서는, 장사를 통해 이윤을 쌓고 기업을 키워 나가야 한다는 게 불문가지입니다. 현대그룹을 일군 정주영 회장도 쌀장사를 통해 일을 배우고 사업을 일구었으며, 삼성의 이병철 회장도 포목점으로 시작해 글로벌 기업의 토대를 만들었습니다.

그러면 장사를 시작하여 성공하기 위해서 가장 중요한 것이 무엇일까요? 무엇보다 장사 성공의 핵심에는 두 사람이 필요합니다. 바로 자신과 거래처입니다.

제조업의 경우, 생산성을 결정짓는 핵심 요소는 기술과 기계 설비입니다. 하루에 1천 개를 생산할 수 있는 기계 설비와 1만 개의 생산을 감당할 수 있는 기계 설비는 단위 시간당 생산성이 10배나 차이 나고, 이는 바로 생산비의 차이로 이어져 단가 경쟁 자체가 되지 않습니다. 1만 개를 생산할 수 있는 설비를 갖춘 기업이 경쟁력을 갖게 되는 것은 두말할 필요도 없습니다.

그렇다면 상인의 경쟁력은 무엇으로 결정될까요?

많은 사람들은 자본력을 으뜸의 경쟁력으로 여깁니다. 물론 대규모의 자본을 갖고 있으면 매입 경쟁력을 갖출 수 있습니다. 남들은 1천 원에 매입하는 상품을 800원에 매입할 수도 있습니다. 사실 상업의 성패는 매입가에서 결정된다고 해도 과언이 아닙니다. 판매가는 시장에서 형성된 가격이 있기 때문에 마음대로 높게 판매하기가 어렵습니다. 반면 매입가는 거래의 규모 등에 따라 얼마든지 다른 사람보다 낮은 가격에 매입할 수 있습니다. 따라서 풍부한 자금력은 상업을 성공시키는 데 큰 요소임에 분명합니다.

그러나 수백억 원의 자금이 투입된 사업이 몇 년 만에 좌초되는 경우 또한 수없이 많습니다. 거대한 자금력에도 불구하고 비즈니스를 실패하는 데는, 결정적으로 사업가의 문제가 가장 큽니다. 제조업의 생산성은 기계 설비가 절대적인 영향력을 발휘하는 데 비해, 상업의 생산성은 상인의 노련함이 절대적이라고 할 수 있습니다. 제조업의 경우 눈에 보이는 실물의 자산이 존재하지만, 상인의 생산성을 결정짓는 자산은 눈에 보이지 않는 상인 자체에 쌓여 있습니다.

장사를 처음 시작한 사람은 모든 것이 어수룩하지만, 수많은 실패와 성공 속에서 단련된 상인은 상대방과의 대화 속에서 협상의 지렛대와 기준가를 찾아낼 수 있습니다. 1인 기업으로 시작해 많은 직원을 고용하는 큰 회사로 성장시키기까지의 과정에서 모든 실무 역량을 갖추게 됩니다. 조직 관리, 영업, 거래처 관리, OEM 제조, 고객 클레임 처리, 세무, 회계, 재무 등 사업과 관련한 전 방위의 일을 경험합니다.

우리는 흔히 사업가를 오케스트라의 마에스트로에 비유합니다. 오케스트라에서 피아노 연주자는 피아노만, 바이올린 연주자는 바이올린만 잘 알면 됩니다. 그러나 마에스트로는 피아노, 바이올린, 첼로 등 모든 악기를 알아야 합니다. 피아노가 따라오지 못하면 연주자와 눈을 마주치며 신호를 보내고, 바이올린이 악센트를 줘야 하는 시점이면 바이올린 연주자에게 사인을 주면서 전체적인 조화를 이뤄 성공적인 공연을 이끌어 갑니다.

사업가는 오케스트라의 마에스트로처럼 회사의 각 분야 업무를 모두 파악하고 있어야 합니다. 노하우는 수많은 사례를 경험하면서 쌓이는 것이기 때문에 노련한 상인, 노련한 사업가는 단시간에 만들어지기 어렵습니다. 반드시 시간이 필요합니다.

아무리 많은 자금도 수많은 이익과 손실의 경험으로 단련된 노련한 상인이 운용하느냐, 온실 속에서 자란 화초 같은 사람이 운용하느냐에 따라 결과는 천양지차입니다. 때문에 위에서 언급한 장사 성공의 핵심인 두 사람 중 한 명은 바로 상인 자신입니다.

두 번째 사람은 바로 거래처입니다.

최인호의 장편소설 『상도(商道)』에서 그 답을 찾을 수 있습니다. 상즉인 인즉상(商卽人 人卽商), 즉 '장사는 이익보다 사람을 남기는 것이고, 사람은 장사를 통해 얻는 최대의 자산'이라는 의미입니다. 조선 후기의 거상 임상옥의 철학이 담긴 말입니다.

옳은 일을 위해 이익을 버릴 줄 알고, 돈을 벌기 위해 남을 짓밟거나 생명을 끊어버리는 무자비한 일을 해서는 안 된다고 강조합니다. 자신의 이익을 위해 협상하지만, 그 일이 옳은 일이 아니면 반드시 후일에 대가를 치르게 되어 있습니다. 강력한 자본력을 바탕으로 상대방의 이익까지 빼앗으면서 단가를 후려치면, 한 번은 이익을 볼 수 있지만 그 거래는 오랫동안 유지되기 어렵습니다.

장사를 하는 사람들이 착각하는 지점이 있습니다. 소비자가 한마디 하면 사업이 망할 것처럼 호들갑을 떨면서 매입처 직원에게는 고압적인 자세로 군림하려고 합니다. 내가 팔아줌으로써 당신이 존재하는 것 아니냐고 큰소리까지 칩니다. 소비자에게 당한 갑질을 매입처에 그대로 재현합니다.

스마트스토어 비즈니스맨이 된다는 것

이것이야말로 큰 착각입니다. 소비자는 수많은 선택지가 있습니다. 물론 장사를 하는 사람으로서 소비자 만족을 위해 최선을 다해야 하는 것이 기본이지만, 소비자는 나와의 지속적인 거래에는 관심이 없습니다. 나보다 더 좋은 조건을 제시하는 곳이 나타나면 언제든 떠날 준비가 되어 있는 존재입니다.

그러나 매입처든 매출처든 거래처와의 신뢰는 단시일에 형성되지 않습니다. 내가 어려움에 빠졌을 때 재기의 기회를 제공해 주는 쪽도 소비자가 아닌 매입 거래처일 가능성이 더 큽니다. 때문에 장사를 성공시키기 위해서는 노련한 상인의 기질을 갖춘 '나'와 돈독한 신뢰 관계로 무장한 '거래처' 두 사람이 핵심 역량이 되는 것입니다. 수많은 경우의 수들과 부딪혀 나를 단련시키고, 신뢰 있는 거래를 통해 사람을 남겨야 합니다.

우리는 오늘도 스마트스토어를 운영하며 장사를 합니다. 이 장사의 성과는 매출 성과라는 수치에만 그치지 않습니다. 어제보다 더 노련해진 상인의 기질을 갖춰 가는 나의 몸속에 눈부신 성과가 고스란히 쌓이고 있습니다. 하루하루 소통하며 신뢰를 돈독히 해가는 거래처 임직원과의 관계에 미래의 성공 자산이 쌓이고 있습니다.

스마트스토어를 운영하며 장사를 하는 당신은, 오늘도 남들이 갖지 못하는 큰 성과를 축적하고 계십니다.

에너지 순환의 과정

사업을 하다 보면, 하는 일마다 완성 단계에 이르지 못하고 성공 직전에서 좌절의 쓴맛을 볼 때가 있습니다. 최선을 다해 준비하고 노력했는데도 불구하고, 실패만 거듭하는 시기가 존재합니다.

많은 경우, 이런 일이 반복되면 사업 의지를 상실하고 새로운 길을 찾아 떠나곤 합니다. 그러나 새로운 길을 찾아 떠나는 그 순간이 바로 기존에 쌓아온 에너지가 무용지물이 되는, 새로운 고통의 시작점이 되는 경우가 많습니다.

저는 사업을 비롯한 세상사 모든 일이 '에너지의 응축과 폭발적인 분출이 순환하는 과정'이라고 생각합니다. 에너지가 응축되지 않으면 기대했던 성과는 일어나지 않습니다. 이는 자연계든 인간 사회든 마찬가지입니다.

봄, 여름, 가을, 겨울의 순환을 통해 계절이 바뀝니다. 가을에서

스마트스토어 비즈니스맨이 된다는 것

겨울을 건너뛰어 봄으로 직행할 수는 없습니다. 반드시 극한의 추위를 동반하는 겨울을 거쳐야 새로운 시작인 봄으로 진입할 수 있습니다.

인간 사회에서 일어나는 모든 경제 활동과 탐욕과 욕망이 집결된 시장이 주식시장이라고 합니다. 실적이 좋고 미래 성장 가능성이 높은 회사의 주식 가치는 오르고, 실적이 낮고 성장 잠재력이 낮은 회사의 주가는 떨어진다는 것이 보편적인 생각입니다.

그러나 현실에서는 실적이나 성장 가능성과 무관하게 주가가 움직이는 현상을 볼 수 있습니다. 이런 현상을 파동의 원리로 분석해 낸 사람이 바로 미국 출신의 회계사 랠프 넬슨 엘리엇(Ralph Nelson Elliott)입니다.

엘리엇은 1938년에 출간한 『파동 이론(The Wave Principle)』이라는 저서를 통해, 주가는 상승 5파와 하락 3파의 사이클을 반복하는 패턴을 그린다고 주장했습니다. 1930년대까지 과거 75년간의 연간, 월간, 주간, 일간의 주가 움직임은 물론 30분 단위의 데이터까지 분석하여 발견한 개념입니다.

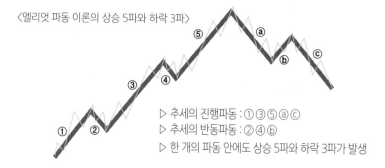

〈엘리엇 파동 이론의 상승 5파와 하락 3파〉

▷ 추세의 진행파동 : ①③⑤ⓐⓒ
▷ 추세의 반동파동 : ②④ⓑ
▷ 한 개의 파동 안에도 상승 5파와 하락 3파가 발생

엘리엇에 따르면, 주가는 패턴·비율·시간의 함수 관계가 조합되어 일정한 패턴을 그리며 상승과 하락을 반복한다고 합니다. 엘리엇의 파동 이론이 주가 변동을 정확히 예측할 수 있는 도구인지 아닌지는 차치하더라도, 시장의 기술적 분석의 유용한 도구로 활용되고 있습니다.

사실 투자자들이 판단할 때는 악재와 호재가 널려 있지만, 시장의 해석이 꼭 일반적인 상식으로 이해되지 않는 경우도 많습니다. 악재라고 인식되는 사안이 발생해도 시장에서는 악재 소멸로 해석하여 주가가 올라가기도 하고, 호재가 나와도 이미 선 반영된 호재라고 하여 주가가 하락하기도 합니다.

엘리엇은 악재와 호재도 파동 이론의 사이클을 정당화시켜주는 소재 그 이상도 이하도 아니라고 강조합니다. 바로 주식을 둘러싼 많은 경제 지표도 에너지의 순환 과정에 종속된다는 것입니다. 주가 변동의 파동에서 에너지가 응축되어 변곡점에 이르는 패턴이 출현해야 새로운 에너지에 의해 상승이나 하락이 전개된다는 이론입니다.

『주역(周易)』의 「계사하전(繫辭下傳)」에 나오는 '궁즉통(窮則通)'이라는 개념도 에너지의 순환이라는 엘리엇 파동 이론과 상통하는 측면이 있습니다.

궁즉통은 '궁즉변 변즉통(窮則變 變則通)'의 줄임말입니다. '궁하면 곧 통한다'는 뜻으로, 극단의 상황에 이르면 도리어 해결할 방법이 생긴다는 말입니다.

원문을 보면 "易 窮則變 變則通 通則久 是以自天祐之 吉无不利" 즉
_{역 궁즉변 변즉통 통즉구 시이자천우지 길무불리}

스마트스토어 비즈니스맨이 된다는 것

"역은 궁하면 변하고, 변하면 통하고, 통하면 오래 한다. 이로써 하늘이 도와 길하며, 이롭지 않음이 없다"입니다. 사물이 극점에 도달하면 변화가 발생하고, 변화가 발생하면 막힘이 없이 통하고, 막힘 없이 통하면 오래 지속될 수 있다는 만물의 순환 역학을 나타내는 말입니다.

무엇도 더 이상 일어나지 않을 만한 극도의 상황까지 최선을 다했을 때 돌파구가 보이는 것이며, 그만한 노력의 결과로 하늘이 도운 듯 모든 이로움을 오래도록 누릴 수 있다는 뜻입니다.

일이 잘 안 풀리고 실패를 거듭하면 인간은 고통을 느끼고 초조해집니다. 그러나 이는 아직 에너지 순환을 위한 극점 또는 사이클의 변곡점에 도달하지 않아 나타나는, 극히 자연스러운 현상으로 이해해야 합니다. 에너지의 순환은 스스로 그러하듯이 진행되는 과정일 뿐, 인간이 느끼는 고통이나 감정은 의미가 없는 것입니다.

사업에 임하는 사람은 누구나 성공을 위하여 노력합니다. 일반적으로 성공은 수치화된 지표로 나타납니다. 사업하는 사람들은 매출과 영업 이익이라는 숫자로, 투자를 하는 사람들은 수익률이라는 숫자로 현실화됩니다.

그 성공의 지표를 만들어내기 위해서는 반드시 노력과 시간이 필요합니다. 그 노력은 에너지 순환이 새로운 변곡점을 만들어낼 만큼의 절대량에 도달해야 합니다. 아직 성과가 나타나지 않았다면, 에너지의 분출이 일어날 수 있는 단계에 도달하지 않았음을 알고, 추가적으로 에너지와 시간을 투입해야 합니다.

파동의 사이클은 일정하지 않습니다. 에너지의 응축에 따라 시간이 짧아질 수도 있고 길어질 수도 있습니다. 우리가

궁함을 흔히 어려움으로 해석합니다. 궁즉통을 '어려움이 다하면 통하는 길이 열린다'로 해석하곤 합니다. 그러나 궁함을 에너지의 순환 과정에서 이해하면 '더 이상 해볼 일이 없을 정도로 다함'이라고 보는 것이 타당합니다.

기존에 하던 일을 접고 새로운 일을 찾아 나서려고 계획했다면, 두 가지를 스스로에게 물어야 합니다. 첫째, 지금까지 하던 일에 대해 궁함에 이르는 노력을 다했는가? 둘째, 새로 계획한 일에 대해 궁함에 이르는 노력을 다할 자신이 있는가?

이 두 가지의 물음에 자신 있는 해답을 내놓지 못한다면, 내 인생의 파동은 아직 극점에 도달하지 않은 것입니다. 어려움은 결코 해소되지 않습니다.

스마트스토어 비즈니스맨이 된다는 것

05

하늘의 계획

많은 노력을 기울였음에도 불구하고 비즈니스 성과는 더디고, 때론 다 됐다고 생각했는데 예기치 못한 상황이 발생하여 수포로 돌아간 일들이 많지 않습니까?

자신이 스스로 결정하고 실행하고 책임을 져야 하는 비즈니스의 세계는 참으로 냉혹합니다. 일이 잘 풀리면 나를 칭송하며 주위에 찾아오는 사람이 끊이지 않지만, 일이 실패하면 그 책임은 오롯이 비즈니스맨 스스로의 책임이 됩니다. 수많은 시간을 좌절과 고통 속에서 보내게 되고, 때로는 극단적인 선택을 하는 이들도 발생하곤 합니다. 일을 하는데 잘된 것과 잘못된 것, 좋은 것과 나쁜 것이 과연 있을까요?

시간을 거슬러 2400년 전 춘추전국시대로 돌아갑니다.

『맹자(孟子)』「고자하(告子下)」15장과 16장에서 일이 생각대로 풀리지 않는 것의 이치를 깨닫습니다.

천장강대임어시인야　필선고기심지　로기근골　아기체부
天將降大任於是人也　必先苦其心志　勞其筋骨　餓其體膚
공핍기신　행불란기소위
空乏其身　行拂亂其所爲

하늘이 장차 사람에게 큰일을 맡기려 할 때는, 반드시 먼저 그의 마음을 괴롭히고, 몸을 지치게 하며, 배를 굶주리게 하고, 생활을 곤궁하게 하여, 행하는 일이 뜻과 같지 않게 한다.

소이동심인성　증익기소불능　인항과연후능개
所以動心忍性　曾益其所不能　人恒過然後能改
곤어심형어려이후작　징어색발어성이후유
困於心衡於慮而後作　徵於色發於聲而後喩

이는 그의 마음을 움직여 자신의 성품을 인내하며 받아들이게 함으로써, 자신이 해내지 못하던 일들을 더 많이 할 수 있도록 하기 위함이다. 사람은 언제나 과오를 저지른 후에야 그릇된 것을 바로잡을 수 있으며, 마음속에서 번민하고 많은 생각을 하고 난 뒤에야 변하고, 또 그 번민이 얼굴빛과 목소리에 나타날 정도로 괴로움을 겪은 뒤에야 비로소 깨우치게 된다.

입즉무법가불사　출즉무적국외환자국항망
入則無法家拂士　出則無敵國外患者國恒亡
연후지생어우환이사어안락야
然後知生於憂患而死於安樂也

안으로 법도를 지키는 권문세가와 보필하는 선비가 없고, 밖으로 적국과 외환(外患)이 없으면 그런 나라는 언제나 망한다. 그런 뒤에야 우환 속에서는 살 수가 있으나, 안락함 속에서는 망한다는 것을 알게 되는 것이다.

맹자는, 어떤 사람이 지금 하고 있는 일보다 장차 더 큰 일을 할 수 있는 사람이 되게 하려면, 반드시 그의 마음과 몸과 현실을 힘들게 하고 급기야 하는 일마다 뜻과 같지 않게 된다고 했습니다. 지금 하고 있는 일이 잘 풀리지 않고 하는 일마다 성과가 더딘 것은, 지금 하고 있는 일보다 더 큰 일을 능히 해낼 수 있는 사람으로 성장시키기 위한 과정으로 이해해야 한다는 뜻입니다.

현재 매출이 30억인 기업에서 '매출 100억 달성'과 같이 수치 목표를 정했다고 합시다. 목표했던 100억을 달성했다는 사실은, 100억을 이루기 위한 여러 위기 상황을 극복하기 위한 능력이 만들어졌다는 의미입니다.

그 능력은 수많은 어려움과 고통이 없었다면 만들어지기 어려웠을 것이며, 그런 번민의 시간 없이 만들어진 매출 100억은 순식간에 사라지는 수치가 되고 말 것입니다. 좌절과 고통을 수반하지 않은 급격한 성공은, 때론 파멸로 이끌고 죽음으로 내모는 무기로 돌변하기도 합니다. 우리는 이런 예를 이카루스의 역설(Icarus Paradox)에서 찾아볼 수 있습니다.

그리스 로마 신화에 나오는 이카루스의 아버지 다이달로스는, 미노스왕의 노여움을 사 크레타 섬을 떠날 수 없었습니다. 다이달로스는 미궁(迷宮)을 탈출하기로 결심하고, 새의 깃털을 모아 실로 엮고 밀랍을 발라 날개를 만들었습니다. 다이달로스는 아들 이카루스에게도 날개를 달아주며 비행 연습을 시키고 함께 탈출 계획을 세웠습니다.

"아들아, 너무 낮게 날면 땅의 습기 때문에 날개가 무거워져서 떨어질 것이고, 너무 높이 날면 태양에 밀랍이 녹아 날개가 녹아내릴 것이니 내 뒤만 따라오너라."

마침내 하늘로 날아오른 이카루스는 자신이 하늘을 날고 있다는 기쁨을 이기지 못하고, 너무 높이 날아 태양 가까이 가게 되었습니다. 세상사 이치를 깨달은 노련한 아버지의 뒤만 따라오라는 말을 잊은 채로 말이죠.

결국 날개는 이카루스의 어깨에서 떨어져 나갔고, 이카루스는 에게해에 빠져 죽고 말았습니다. 차라리 이카루스가 능숙하게 날지 못했더라면 바다에 빠져 죽지는 않았을 것입니다.

자신의 강점을 발견하고 그것을 집중적으로 키우는 것은 중요합니다. 그러나 자만하는 순간 이카루스처럼 나락으로 떨어질 수도 있습니다. 재능이 오히려 파멸로 가는 원인이 될 수 있어서 역설적이죠.

인간의 끝도 없는 욕망을 경계할 때 사람들은 흔히 '이카루스의 날개'라고 하거나 능력이 우수한 사람이 추락했을 때 '이카루스 패러독스'라고 말합니다.

몇 년 만에 승승장구하며 큰 사업을 일궜다가 불과 얼마 지나지 않아 망한 회사를 우리는 수도 없이 봐왔습니다. 잊을 만하면 언론 매체에 나오는 회사 오너들의 일탈 행위, 즉 오너리스크도 따지고 보면 자신의 능력을 너무 믿어서 나온 자만과 오만에 근거합니다. 이 정도로 큰 회사를 일군 자신의 능력이면 어떤 일이든지 자신의 뜻대로 해결해 나갈 수 있다고 착각합니다. 그 시점이 바로 추락의 시작이라는 사실을 잊고 말이지요.

비즈니스를 성공시키기 위해서는 그 업(業)에 대한 이해도와 기술적 능력이 중요합니다. 그러나 여기에 두 가지의 결정적인 조건이 추가되지 않으면, 성공의 길로 접어들 수도 없고 성공해도 유지되지 않습니다.

일이 안 풀리고 매번 실패만 반복하면 대부분의 사람은 좌절하고 실망하고 포기합니다. 그러나 우리는 알아야 합니다. 그 시련은 나를 더욱더 큰 비즈니스맨으로 만들기 위한 하늘의 계획이니, 묵묵히 인내하며 가던 길을 가야 합니다. 그것이 첫 번째 조건입니다.

일의 성과가 나왔을 때는 만족할 줄 알고, 위기를 경계할 줄 알아야 합니다. 위기 속에서 오늘을 달성했음을 알고, 또 다른 위기를 준비해야 합니다. 그래야 지킬 수 있습니다. 이것이 두 번째 조건입니다.

비즈니스맨에게 자신의 가치 체계가 정립되어 있지 않으면 성공하기도, 유지하기도 어렵습니다.

다시 한 번 묻습니다. 정말 세상일에 잘된 것과 잘못된 것, 좋은 것과 나쁜 것이 과연 있을까요?

작은 성공이 결정적인 실패를 가져오기도 하고, 잘못된 일에서 교훈을 얻어 성공의 밑거름으로 삼기도 합니다. 짧게 보면 잘된 것과 잘못된 것이 명확하지만, 길게 보면 잘된 것도 없고 잘못된 것도 없습니다.

오늘 뜻대로 비즈니스가 풀리지 않는 자신을 한탄하고 있습니까? 더욱더

스마트스토어 비즈니스맨이 된다는 것

06

공정한 불공평

Equality is fair inequality. '공평은 공정한 불공평이다' 또는 '평
등은 공정한 불평등이다' 정도로 해석할 수 있습니다.

공평이란 무엇일까요? 만인이 똑같은 대접을 받는 것이 공평한 것
일까요? 조직을 운영하다 보면, 조직 구성원에 대한 합당한 대우가 어
떤 것인가에 대한 자기 물음을 던질 때가 많습니다.

노동력의 대가를 수취하는 자영업의 경우, 성공의 열쇠는 근면과
성실인 경우가 대부분입니다. 그러나 기획의 대가를 수취하는 비즈니
스의 경우에는, 근면과 성실이라는 덕목 위에 중요한 요소가 하나 더
추가됩니다.

기획은 실행이 되지 않을 경우 생각이나 구상으로 그치게 됩니다.
기획을 현실화시키기 위해서는 조직을 구성하게 되는데, 조직은 사람
들의 집합체이다 보니 공정한 평가와 합당한 보상이 따르지 않으면 조

직력을 발휘하지 못하게 됩니다. 그러므로 비즈니스의 성공 요건에는 근면과 성실 이외에 공평한 평가에 대한 경영자의 마인드가 추가되어야 합니다.

10명의 구성원이 일하는 회사가 있다고 합시다. 그중 A부류는 경영진의 방침을 정확히 파악하고, 창의성을 발휘하여 성과를 올립니다. 한편 B부류는 경영진의 방침에 역행하거나 능력이 부족하여 성과를 내지 못합니다. 이 두 부류의 직원에게 똑같은 대우를 해준다면, 성과를 낸 A부류는 불공정하다고 느낄 테고, 성과를 못 내고도 같은 대우를 받는 B부류는 이를 당연스럽게 받아들일 것입니다.

이런 일이 반복적으로 일어나면, 유능한 직원은 떠나고 조직은 성과를 내지 못하는 무능력한 직원으로 채워질 겁니다. 이 비즈니스의 결말은 보나마나겠지요.

즉, 경영자가 공정한 평가시스템을 만들고 이를 실행하는 것은, 누구는 예뻐하고 누구는 미워하여 차등한 대우를 하는 것이 아니라는 말입니다. 이러한 정책은 경영자 자신이 살기 위한 처절한 투쟁의 일환인 것입니다.

물론 사람이 모여 사는 사회에서 사람이 사람을 평가한다는 것은 고통스러운 일입니다. 때문에 대부분의 경우 조직의 관리자들은, 적당한 선에서 평가를 마무리하고, 많은 구성원들에게 인기를 잃지 않는 방향을 선택합니다. 이러한 리더를 '복지부동형' 또는 '인기영합형' 리더라고 합니다.

복지부동이란 땅에 엎드려 움직이지 않는다는 뜻으로, 마땅히 해야 할 일을 하지 않고 몸을 사리는 행위를 비유하여 이르는 말입니다. 복지부동형 관리자와 일하는 경영자는, 먼저 그 관리자를 해고하는 것이 가장 시급하고 중요한 과제가 될 것입니다.

우리가 운영하는 스마트스토어도 똑같은 원리로 작동된다고 보면 정확합니다. 매일 상품을 등록하고 공부하며 스토어를 꾸미고 고객의 질문에 성심성의껏 응대하는 판매자와, 일괄 등록으로 수천 개의 상품을 등록해 두고 매출이 일어나기만을 기다리는 판매자가 똑같은 대우를 받을 수 있을까요?

이 두 부류의 판매자가 같은 성과를 낸다면, 네이버 스마트스토어의 검색 노출은 공정하지 못한 로직이 될 것입니다. 이러한 불공정한 로직이 계속 유지된다면, 끊임없이 기획하고 노력하는 판매자는 합당한 성과를 내지 못한다고 생각하게 되고, 끝내는 게으른 판매자만 스마트스토어에 남게 될 것입니다. 이러한 시간이 길어지면 네이버가 망하게 되겠지요.

그러나 네이버는 그렇게 만만한 복지부동형 시스템이 아닙니다. 검색엔진 최적화(SEO)에 부합한 상품을 상위에 노출시켜주고, 빅데이터를 활용하여 어떤 판매자의 상품을 잘 노출시켜주는 것이 자신의 이익에 부합하는지를 끊임없이 연구하고 진화합니다.

스마트스토어센터에 로그인 하고 접속하여 상품을 관리하고, 신상품을 등록하고, 고객 문의에 성실하게 답변하는 모든 과정을 네이버 이런 데이터의 총합이 스마트스토어 지수라는 수치로 점수화되어 노출 순위에 반영됩니다.

따라서 스마트스토어를 통해 수익을 내고자 하는 판매자들은, 네이버가 요구하는 SEO를 연구하고 실천하는 것 이외에는 방법이 없습니다. 또 네이버는 자신의 로직을 잘 받아들이고 따라오는 판매자에게는 반드시 그에 합당한 성과를 보장해 줍니다.

결론적으로,

입니다.

다시 한 번 공평이란 무엇인가 묻습니다. 답은 Equality is fair inequality. 공평이란 공정한 불공평입니다.

07

말의 구속력

사막을 지나는 대상들에게는 절대 하지 말아야 할 몇 가지 금기어가 있다고 합니다. 목마르다, 배고프다, 힘들다, 피곤하다.

목숨을 걸고 삭막한 사막을 횡단하는 대상들은 항상 목마름과 배고픔과 힘겨움과 피곤함이 일상이었을 것입니다. 목마른 상태를 해소하기 위한 유일한 해법은 오아시스를 만나는 것입니다. 오아시스에 도달하기 전에는 어떠한 해결책도 없습니다.

해결책이 없는 상태에서 목마르다고 투정하는 것은, 현실을 극복하는 데 어떠한 도움도 되지 않습니다. 더구나 다른 사람에게까지 갈증을 전염시킬 수 있지요. 금기어는 이를 경계하는 마음에서 나온 암묵적인 약속이었을 것입니다.

말에는 상황을 결정해 내는 무서운 구속력이 있습니다.

야근을 하고 자정이 다 되어서야 퇴근하는 두 사람이 있습니다.

142

스마트스토어 성공의 조건 구미호 100일 작전

한 사람은 "피곤하다"고 하고, 또 한 사람은 "뿌듯하다"며 집으로 향합니다. 사실 이 두 사람의 지친 몸 상태는 같습니다. 다만 내뱉은 말만 다를 뿐입니다.

내 입에서 피곤하다는 말이 나오는 순간, 몸 상태는 급격히 더 피곤해집니다. 반대로 뿌듯하다고 말하는 순간, 남들이 쉬는 한밤중까지 가족을 위해 열심히 일하는 자신이 대견스러워지는 것입니다. 그것이 곧 말이 갖고 있는 상황 결정력입니다.

부정적인 언어가 갖는 해악은 우리 삶 곳곳에서 찾을 수 있습니다. "짜증 나"라고 말하는 순간 짜증이 나고, "저 사람은 그럴 수도 있겠네"라고 말하면 상대방을 이해하는 마음 넓은 사람이 됩니다.

쇼핑몰을 운영하며 누구나 목표를 세우게 됩니다. '1년 안에 월 매출 3천만 원을 넘기고 순수익 300만 원을 달성하겠다' 같은 식이죠. 6개월차에 접어들었는데 매출 300만 원을 찍었습니다. 시간은 절반이 흘렀는데 목표는 10%에 머무르고 있습니다.

이때 말이 중요합니다. "시간은 절반이나 지났는데 겨우 10%밖에 못 오다니… 이건 안 되는 일이야"라고 말하는 순간, 그 비즈니스는 끝이 납니다. 급격히 동력이 떨어지고 손을 놓을 핑계거리만 보이게 됩니다. 반대로 "쇼핑몰에 대해 아무것도 몰랐던 내가 스스로 300만 원이라는 매출을 올리다니… 3천만 원도 꿈만은 아니겠네"라고 말하는 순간 동력이 배가됩니다.

사실 위에서 예로 든 두 사람의 상태는 같습니다. 무에서 시작하여 스스로의 힘으로 300만 원까지 성취해 놓은 것도 같으며, 추진력을 잃지 않으면 머지않아 최종 목표인 3천만 원에 도달하리라는 예측 상황도 같습니다. 그러나 그들이 내뱉은 말에서 두 사람의 비즈니스는 운명이 갈립니다.

말…. 남에게든 스스로에게든, 우리는 말이 갖고 있는 상황 결정력을 무겁게 여겨야 합니다. 우리의 삶, 비즈니스의 미래는 사실 우리의 말이 결정합니다.

극한의 갈증에 시달리더라도 오아시스를 향해 전진할 뿐, 목마르다고 내뱉지 말아야 합니다.

성공과 실패의 근본 문제

내 안에 수많은 민심이 있습니다. 어제 다짐했던 바를 오늘 실천하지 못하는 게으른 민심, 오늘 결심한 일을 내일이면 무너뜨리는 나약한 민심···. 하루에도 여러 번 바뀌는 것이 사람의 마음이라지만, 시도 때도 없이 엄습해 오는 포기하고픈 마음과 다른 사람들의 말 한마디에 움직이는 갈대 같은 의지를 군건히 바로잡기가 쉽지 않습니다.

불요불굴(不撓不屈). 흔들리지도 굽혀지지도 않는다는 뜻으로, 어떤 어려운 상황에서도 의연하게 대처하는 태도를 말합니다.

한(漢)나라 성제(成帝) 때 어느 해 봄의 일입니다.

초여름에 접어들면 수도인 장안(長安)에 엄청난 장마로 홍수가 져서 온 성이 물속에 잠길 것이라는 소문이 떠돌았습니다. 두려워진 성안 백성들은 짐을 싸들고 피난길에 오르느라 난리였습니다. 이 소식을

스마트스토어 비즈니스맨이 된다는 것

전해 들은 성제는 중신 회의를 소집했습니다.

"지금 난데없는 홍수 소문 때문에 성 안 백성들이 달아나느라 소란스러운 모양인데, 이게 어떻게 된 일이오?"

대장군 왕봉(王鳳)이 아뢰었습니다.

"폐하, 천문과 점괘로 보건대 큰물이 지는 것은 틀림없다고 합니다. 폐하께서도 황족들과 함께 속히 피하셔야 할 줄로 아옵니다."

대부분의 대신들이 왕봉의 말에 동조했습니다. 다만 재상인 왕상(王商) 한 사람만은 결연하게 반대했습니다.

"지금 시중에 떠도는 소문은 전혀 근거도 없는 낭설에 불과합니다. 한두 달 뒤에 장마가 질지 지금 무슨 수로 안단 말입니까? 이것은 필시 사회 혼란을 야기시켜 이익을 챙기려는 자들의 획책이라 생각되옵니다. 만약 폐하와 황실마저 뜬소문에 동요하신다면 민심은 걷잡을 수 없는 지경이 될 것이고, 그것은 곧 큰 국난으로 이어질 것입니다. 하오니 폐하와 조정이 굳건히 자리를 지키면서 '불요불굴'의 단호한 태도를 견지해, 백성들로 하여금 각자 자기 자리로 돌아가도록 종용해야만 사태를 수습할 수 있을 것입니다."

성제는 왕상의 말이 타당하다고 판단하고 유언비어를 퍼뜨리거나 부화뇌동하는 자는 처단하겠으며, 황실과 조정은 도성에서 한 발짝도 움직이지 않을 것이라고 공포했습니다. 덕분에 불안하던 민심은 가라앉고 질서도 회복되었습니다. 물론 홍수 이야기는 헛소문이었고, 여름이 되어도 홍수는 없었습니다.

성제와 황실마저 헛소문에 마음이 움직여 피난길에 나섰다면, 그 다음의 결과는 어찌 되었을까요? 차라리 큰 홍수가 일어났다면 오히려 다행이었겠지만, 아무 일도 일어나지 않았다면 성제의 리더십은 치명상을 입고 황실 자체가 온전히 보전되기 힘들었을 것입니다.

우리가 사업이나 투자를 하다 보면 수많은 정보를 접합니다. 정확한 정보도 있고, 진실로 포장된 거짓도 있습니다. 때로는 나를 이용해 이익을 취하려는 사람들의 나쁜 의도가 숨어 있는 말도 있습니다. 이런 이야기를 들을 때마다 우리의 마음도 동요하기 쉽습니다.

그러나 확실한 판단이 서지 않는다는 것은, 그 정보가 잘못된 정보이거나 역정보일 가능성이 크다는 반증입니다.

판단을 하지 않고 대응을 하지 않는다는 것은, 현재 상태를 유지한다는 말입니다. 사업이나 투자 활동 시 단편적인 정보에 의지하여 판단하고 대응한 후 돌이켜보면, 거의 대부분 '차라리 대응하지 않은 편이 나았을 것'이라는 후회에 이르는 경우가 많습니다. 우리가 흔히 말하는 "두고 봅시다"가 정답인 경우가 대부분입니다.

그러나 말로는 두고 보자고 했지만, 다른 사람의 말이 계속 뇌리에 머물어 고민하게 됩니다. 지금 이 기회를 잡지 않으면 큰 기회를 놓칠 것 같은 불안감에 일이 손에 잡히지 않습니다. 끝내는 마음이 동요하여, 단 한 번의 잘못된 판단으로 지금까지의 노력이 수포로 돌아가는 경우가 있습니다. 새로운 고통을 스스로 만들어내는 것이지요. 이런 예

스마트스토어 비즈니스맨이 된다는 것

는 굳이 다른 사람에게서 찾지 않아도 됩니다. 내가 행한 과거의 일들을 돌아보면 어렵지 않게 떠올릴 수 있으니까요.

확신이 서지 않을 때 '두고 보자'는 간단한 말을 실천하기 위해 필요한 것이 바로 불요불굴의 의지입니다. 사람이 만들어낸 모든 고통은, 궁극적으로는 남이 아니라 스스로 만들어낸 것입니다. 몰라서 당하는 것이 아니라, 알면서도 마음이 굳건하지 못해 당하는 경우가 태반입니다. 마음을 굳건히 하고, 그 굳은 마음을 실천하기가 참으로 쉽지 않습니다.

스마트스토어를 시작한 지 몇 달도 되지 않아 포기한 사람들을 많이 만나 보았습니다. 포기한 사람들에게는 분명 포기의 이유가 있습니다. 이유를 들어보면 그럴싸한 명분도 존재합니다. 다른 사람들과 대화해 봤더니, 이미 경쟁이 치열한 레드오션이어서 진입하기에 너무 늦었다고 판단했다고 합니다.

그 사람에게 레드오션이라고 말했던 사람은 과연 누구였을까요? 빅파워 등급에 도달한 사람이었을까요? 짐작컨대 스마트스토어를 시작한 지 얼마 지나지 않아 포기했던 사람이었을 것입니다. 이미 스스로 포기를 염두에 둔 사람은 실패한 사람을 만나 포기의 정당성을 학보하려고 합니다. 다른 사람이 레드오션이라고 해서가 아니고, 이미 그에게는 이 길을 굳건히 이어 나가고자 하는 의지가 없었던 것입니다.

스마트스토어로 성공하고자 확고한 의지를 세운 사람은 성공한 사람을 만납니다. 성공한 사람에게서 방법을 배우기 위해 노력합니다.

그래서 실패한 사람은 명분을 찾고, 성공한 사람은 방법을 찾는 것입니다. 궁극적으로는 내 마음에 불요불굴의 의지를 갖고 있느냐 아니냐의 문제로 귀결됩니다.

새로운 비즈니스가 열린 초창기를 빼면, 세상에 레드오션 아닌 분야는 없습니다. 시장에는 경쟁자가 있기 마련이고, 치열한 경쟁 속에서 성공하는 사람과 실패하는 사람은 나타납니다. 레드오션과 블루오션의 개념은 상대적입니다.

급격한 정보통신 기술의 발달에서 기인한 스마트 기기 사용의 일상화, 맞벌이 부부의 증가로 인한 쇼핑 시간의 제약, 이에 더해 코로나19로 인한 언택트화의 급격한 진전에 따른 전자상거래 시장 규모의 확대 추세에, 스마트스토어를 레드오션으로 규정한 사람에게 레드오션 아닌 분야가 어디에 있을까요?

실패한 사람의 사례에서 교훈을 얻을 수는 있습니다. 그러나 나약한 의지에서 비롯한 실패의 정당화를 교훈으로 착각해서는 안 됩니다. 그저 변명일 뿐입니다. 어떤 일이든 끝까지 밀고 나가서 성공하느냐 실패하느냐는, 궁극적으로 다른 사람의 그 어떤 말에도 흔들리지 않는 불요불굴의 의지에 달려 있습니다.

스마트스토어 비즈니스맨이 된다는 것

09

규범의 중요성

사람이 모여 조직을 운영하고 일을 진행하기 위해 반드시 필요한 것 중 하나가 규범(Norm, 規範)입니다. 규범은 사전적으로 '인간이 사회생활을 하는 데 있어, 구속(拘束)되고 준거(準據)하도록 강요되는 일정한 행동 양식'이라고 규정되어 있습니다. 사회생활의 관습, 도덕 그리고 따르지 않으면 제재가 가해지는 법(法)을 포괄하는 개념입니다.

크게 보면 현대 민주주의 국가는 입법·행정·사법부로 나뉘어, 입법부는 법을 만들고, 행정부는 집행하고, 사법부는 그 집행 결과의 잘잘못을 판단하는 3권 분립의 구조를 갖습니다. 국가 집행 규범은 입법부인 국회에서 법을 만드는 것으로 시작됩니다. 인간 사회의 변화 발전에 부응하여 끊임없이 새로운 법을 만들기도 하고, 기존의 법을 개선시키거나 폐지시키면서 사회의 변화에 규범을 부합시켜 나갑니다.

회사도 마찬가지입니다. 조직을 운영하고, 영업을 성장시키고, 고객 관리를 하는 모든 분야에 일정한 규범을 만들고 실행시켜 나갑니다. 비슷한 사안에 대해 경영자나 직원들이 그날의 기분 상태나 자의적 판단으로 일을 처리하면 안 되기 때문입니다. 동네 선후배들이 모여 계모임 하듯이 조직을 운영하는 것은 곤란합니다. 사람은 누구나 자신의 생각과 행동 특성이 있기 때문에 일정한 규범이 존재하지 않으면 자신의 판단으로 일을 처리하게 되고, 이는 거래처 및 고객과의 신뢰 관계를 훼손시켜 지속 가능한 비즈니스를 불가능하게 합니다.

규범이 잘 갖춰진 회사는 비슷한 유형의 사안에 대해 일정한 처리 규칙이 존재합니다. 규범 덕분에 우왕좌왕하지 않고 체계적으로 해결해 나갈 수 있어서 훨씬 효율적으로 일을 진행할 수 있습니다. 더불어 규칙대로 일을 하기 때문에 유사한 사안에 대한 예측 가능성이 훨씬 높아져 안정적인 비즈니스가 가능해집니다.

그러나 규칙을 맹신한 나머지 변화된 현실을 무시하고 과거의 규범만을 들이대는 우를 범해서는 안 됩니다. 사회는 항상 변화하고 비즈니스를 둘러싼 환경은 역동적이기 때문에, 현실에 맞게 업무 규칙을 개선시키는 노력을 게을리해서는 안 됩니다.

규범을 만들어 일처리를 해야 하는 것은, 조직을 갖춘 큰 조직이든 1인 기업이든 마찬가지입니다. 사실 여럿이 모여 일을 하면 경영자라고 하더라도 조직의 룰을 지키지 않을 수 없습니다. 경영자 스스로가 규범을 따르지 않으면 다른 직원들에게 리더십을 발휘할 수 없기 때문입니다. 오히려 1인 기업인 경우가 규범이 없으면 나태해지기 쉽고, 평정심을 유지하기 어려워 자신이 정한 규범을 위반할 가능성이 더 커집니다. 때문에 1인 기업을 운영한다는 것은, 스스로의 룰을 지키기 위한 지난한 자신과의 투쟁의 연속입니다.

쇼핑몰을 운영하는 유통회사의 경우 일반적으로 관리, 영업, 고객 관리 부서 등으로 조직이 편제됩니다. 관리 부서의 경우 총무, 인사, 재무, 회계, 세무 등의 일처리를 합니다. 영업 부서는 상품을 개발하여 위탁으로 진행할지, 사입을 할지, OEM 제조로 취급할지를 결정하고 실행하여 매출을 발생시킵니다. 고객관리 부서는 영업의 과정에서 발생하는 대 고객 업무 및 클레임 등을 처리하게 됩니다.

이러한 전 과정의 업무에는 눈에 보이는 또는 보이지 않는 일정한 규범이 존재합니다. 담당 직원은 작은 금액의 손해를 감수함으로써 고객 클레임을 처리할 수 있는 편한 방법이 있더라도 자의적으로 시행할 수 없습니다. 과실을 범한 쪽이 손실을 부담하는 원칙에 입각하여 처리해야 합니다. 과실의 주체가 불명확한 경우에는 상급자에게 보고하여 지침을 받았을 경우에만, 회사가 부담하여 해결하는 방법을 택할 수 있습니다. 금액의 크기는 문제가 되지 않습니다. 업무 처리 방식에 관한 회사의 규범이 있기 때문입니다.

1인 기업을 운영하는 쇼핑몰 운영자들에게도 위와 같은 원칙은 똑같이 적용되어야 합니다. 때로는 명백한 고객의 과실임에도 불구하고 고객과 말다툼하는 것이 번거롭고 귀찮아서 내가 손실을 떠앉는 경우가 있습니다. 힘들더라도 원칙적으로 대응하고 처리하기 위해 노력해야 합니다. 손실을 부담하여 클레임을 종료시키더라도 내가 수긍할 합당한 근거를 찾아내고, 해당 고객에게도 나의 잘못이 아님에도 불구하고 내가 손실을 부담하고 종료했음을 명확히 인지시켜야 합니다. 그래야 스스로의 규범을 준수하는 사업가가 됩니다.

규범을 준수한다는 것이 때로는 비효율적이고 번거로울 때도 있습니다. 그러나 작은 구멍에 큰 둑이 무너지듯이 규범을 지키지 않으면 언젠가는 비즈니스 자체가 무너집니다.

대규모 회사든 1인 기업이든 성공의 조건은 똑같습니다. 규범화시키지 못하면 성공할 수 없습니다. 이 때문에 관리, 영업, 고객관리 업무를 혼자서 처리해야 하는 쇼핑몰 1인 기업의 사장은 큰 조직의 임직원들보다 훨씬 더 많은 노력이 요구됩니다.

규범을 만들어 일을 하면 시간이 지났을 때 남는 것이 있습니다. 향후에 많은 직원을 고용하여 큰 회사를 운영할 때를 대비한 자기계발의 과정이기도 합니다. 그러나 마음 내키는 대로 일을 처리하면 시간이 지나도 노련한 비즈니스맨으로 성장하기 어렵습니다.

사업자등록을 한 1인 기업도 엄연한 법률 행위의 주체이고 기업입니다. 내 기업의 업무 처리 규범과 제도에 빈틈은 없는지 꼼꼼히 체크해 보시기 바랍니다. 순간의 안락을 위해 스스로 정한 룰을 어기지는 않았는지 돌아보시기 바랍니다.

스마트스토어 비즈니스맨이 된다는 것

10

어려운 것과 익숙하지 않은 것

새로운 동네로 이사를 가면 간혹 집을 잘 못 찾는 경우가 있습니다. 어떤 골목으로 들어가야 할지 헷갈리기도 하고, 무의식적으로 과거에 살던 집으로 방향을 잡기도 합니다. 새로 이사 간 집을 찾아가는 것이 어려운 일일까요? 아니오, 그저 익숙하지 않을 뿐입니다. 이사 간 집도 한 달만 지나면 손쉽게 찾아갈 수 있습니다.

새로운 일을 시작하면 모든 것이 낯설고 무엇이든 어려워 보입니다. 그러나 우리가 어렵다고 생각했던 거의 대부분의 일은, 어려운 일이라기보다는 익숙하지 않은 일입니다. 많은 사람들은 익숙하지 않은 기간 동안의 일을 어렵다고 느낍니다. 어렵다고 생각하기 때문에 손쉽게 포기하고, 또 다른 새로운 일을 찾아 나섭니다. 그러나 그 새로운 일도 어렵기는 마찬가지입니다.

사람들은 익숙하지 않은 일을 어렵다고 혼동합니다. 새로운 이론을 정립하거나 지금까지의 지식에 더해 새로운 해법을 동원해야 풀리는 신기술의 경우가 어려운 일입니다. 그러나 인간 사회에서 일어나는 대부분의 일들은, 기존의 제도권 교육에서 접한 지식만으로도 충분히 해결해 낼 수 있는 것들입니다.

쇼핑몰을 운영하기 위해서는 온라인 환경에 익숙해져야 합니다. 온라인 환경에 익숙해지기만 하면, 그 다음의 일은 오프라인에서 하던 일과 크게 다를 바가 없습니다.

오프라인에서 옷가게를 운영할 경우, 아침에 출근하여 문을 열고, 청소를 하고, 시즌에 맞는 옷으로 마네킹을 손봅니다. 손님이 오면 그에 맞는 옷을 추천하고, 반품이나 환불을 요구하는 고객이 있으면 이유를 물어보고 적절한 대응으로 처리합니다. 시간이 날 때마다 신상품을 조회하여, 내 가게에서 팔 상품을 골라 재고를 확보합니다.

온라인에서 쇼핑몰을 운영하는 것도 오프라인에서 옷가게를 운영하는 것과 별반 다르지 않습니다. 계절에 맞게 쇼핑몰의 디자인과 상품의 배치를 바꾸고, 주문 건이 있으면 처리하고, 틈나는 대로 신상품을 조회하여 내 쇼핑몰에 등록합니다. 반품이나 환불 요구가 발생하면 상황에 맞게 적절히 대응하여 처리합니다.

오프라인에서 옷가게를 운영할만한 장사 수완과 컴퓨터를 활용할 능력만 있으면 쇼핑몰을 운영하는 데 아무런 지장이 없습니다.

다만 처음 쇼핑몰을 개설한 사람들에게는 모든 일들이 낯설 것입니다. 판매할 상품을 정하고, 상품 상세페이지를 작성하여 등록하고,

광고를 집행하는 등 컴퓨터 활용 능력을 향상시키는 모든 일들이 익숙하지 않을 것입니다. 그러나 이런 일들도 한 달만 지속하면 금세 익숙해집니다.

스마트스토어 운영을 시작하여 포기하는 사람들의 경우, 대부분은 서너 달 안에 포기합니다. 또 빅파워 등급에 도달한 사람들이 가장 힘든 시기로 지목한 시점도 시작한 지 서너 달의 기간입니다.

익숙하지 않기 때문에 힘든 것입니다. 힘이 들뿐, 사실 어려운 일은 아닙니다. 스마트스토어 운영이 어려운 일이었다면 전문적으로 공부한 사람들만이 빅파워 등급에 도달했을 겁니다. 그러나 현실이 보여주듯 전문적으로 공부하지 않은 사람들도 성공하는 경우가 많습니다. 최초 서너 달 정도의 익숙하지 않았던 힘든 기간을 잘 이겨낸 사람들은 성공했고, 익숙하지 않아서 힘든 일을 어렵다고 생각했던 사람들은 포기했습니다.

같은 예로, 빅파워 등급에 도달한 사람들의 대부분은 "파워 등급에 도달하기까지가 힘들었지, 파워 등급을 통과하고 빅파워 등급으로 올라서는 일은 그렇게 힘들지 않았다"고 말합니다. 바로 익숙하지 않았던 기간, 그 기간을 이겨내고 나면 성공의 가능성이 훨씬 높아진다는 사실을 확인할 수 있습니다.

그렇기 때문에 익숙하지 않은 기간을 잘 버텨내는 것에 성공의 해법이 있습니다. 현대 사회는 정보의 홍수라고 할 만큼 정보가 넘쳐나는 시대입니다. 인터넷만 연결되면, 내가 알고자 하는 거의 모든 지식과

일 처리 방법을 접할 수 있습니다.

이 일을 하려고 결심했고, 정보와 방법을 찾았으면 일단 해야 합니다. 어렵다고 망설이면 한 발자국도 나아갈 수 없습니다. 실천하지 않은 정보는 무용지물입니다. 일단 부딪혀 봐야 실수도 하고, 실패도 하고, 성공도 하는 겁니다. 어려운 일이라고 지레 겁먹고 시도하지 않으면 다른 일을 해도 결과는 마찬가지입니다.

스마트스토어 초보자들의 경우, 상세페이지를 작성하고 상품을 등록하는 일조차도 힘듭니다. 몇 번의 시도 끝에 마음에 드는 상세페이지를 작성하여 상품 등록에 성공했다면, 그 다음은 반복해야 합니다.

반복 작업을 진행하다 보면, 자연스럽게 기존의 일 처리 능력이 배가되는 것은 물론이고, 새로운 일들에 대한 처리 능력이 만들어집니다. 파워 등급에 도달하기까지는 온라인 환경에 적응하는 것이 가장 힘듭니다. 그러나 그 기간을 지나면서 주문 건이 늘어나고, 고객 CS 처리 건이 늘어납니다. CS건이 발생하면 처음에는 당황하지만, 반복 작업이 이뤄지면서 능수능란하게 처리할 수 있게 됩니다.

빅파워 등급에 도달할 때쯤이면 대량 구매 건이 발생하고, 자금 문제를 해결해야 할 시점에 도달합니다. 생각지도 않았던 대량 구매가 발생하면 자금을 선투입하여 발송한 후, 며칠 후에 정산을 받아야 하기 때문에 자금을 동원해야 할 일이 생깁니다.

그러나 내가 해결하기에는 어렵고 풀리지 않을 것 같던 고객 CS

스마트스토어 비즈니스맨이 된다는 것

처리 능력이나 자금 문제도 모두 풀립니다. 화가 난 고객을 달래서 웃으며 마무리하는 일이나, 자금을 만들어 사업에 지장이 없도록 하는 일들도 따지고 보면 어려운 일이 아닙니다. 그저 기존에 해보지 않아서 익숙하지 않은 일일 뿐입니다.

이 같은 방법으로 더 많은 매출을 처리할 수 있는 능력, 직원을 고용해서 사업을 확장할 능력들이 형성됩니다. 사업이 조금씩 성장하고 더욱더 큰일 처리 능력을 갖춰 나간다는 것은, 곧 새로운 일에 대해 익숙해져 가는 과정입니다. 박사 과정을 마치고 서른 살에 입대한 이등병보다 스물두 살 먹은 병장이 훨씬 의젓해 보입니다. 끊임없는 반복 작업을 통해 군대 생활에 익숙해진 데서 오는 안정감 때문입니다.

컴퓨터 앞에는 앉았는데, 무엇을 해야 할지 막막하십니까? 어렵다고 말하지 말고, '아직 익숙하지는 않지만 반복하겠다'고 다짐하고 실천하십시오. 금방 익숙해집니다.

열심히 즐겨라

흔히 '한 분야에 미쳐야 성공할 수 있다'고 말합니다. 또 성공학의 고전으로 일컬어지는 『성공의법칙』을 쓴 맥스웰 몰츠(Maxwell Maltz)는 "무엇이든 21일간 계속하면 습관이 된다. 21일은 우리의 뇌가 새로운 행동에 익숙해지는 데 걸리는 최소한의 시간이다."라고 강조합니다.

그런가 하면 전옥표의 『이기는 습관』에서는 "실천이 중요함에도 못하는 것은 힘들고 어렵기 때문이다. 실천 항목은 가능한 쉽고 즉시 행동 개시가 가능한 것으로 시작하라."고 조언합니다.

성공을 위한 자기계발서들이 공통으로 지적하는 것은, 작은 목표를 세우고 습관화시켜야 한다는 점입니다. 습관은 반복에서 생겨나며, 반복은 시간을 필요로 합니다. 반복적인 일이 쌓여 큰 변화를 만들어내는 것은 자연의 법칙이기도 합니다. 한정해서 보면 인간 세상의 법칙이 따로 있는 것처럼 보이지만, 전체적으로 관찰해 보면 자연계의 법칙에서 크게 벗어나지 않습니다. 인간도 자연의 일부이기 때문입니다.

거대한 화산이 분출하기 위해서는 에너지가 쌓여 수많은 작은 지진이 먼저 발생합니다. 작은 물방울이 오랫동안 떨어져 단단한 암석을 뚫게 됩니다. 인간 사회에서 발생하는 대부분의 성과들도 작은 행위들이 모여 큰 성과를 만들어냅니다. 큰 성과를 내기 위해 작은 행위들이 쌓이는것. 그래서 저는 성공의 요체는 '반복'이라고 생각합니다.

우리는 흔히, 새로운 일은 '창의적'이라고 치켜세우는 반면, 반복적인 일은 '무료하다'고 치부해 버립니다. 그러나 우리의 삶을 관찰해 보면, 하루 또는 일주일, 1개월, 1년… 주기적으로 반복되는 패턴을 그립니다. 삶 자체가 바로 반복적인 행위들의 연속입니다.

따라서 어떤 성과를 내기 위해서는, 그 성과에 도달하기 위한 작은 실천 과제를 설정하고, 지속적으로 반복하는 것이 가장 중요합니다. 그러나 반복 작업은 말처럼 쉽지 않습니다. 단군신화(檀君神話)만 보아도 알 수 있습니다.

호랑이와 곰이 인간이 되게 해달라고 기원하자, 환웅(桓雄)은 동굴에 들어가 햇빛을 보지 않고 100일간 쑥과 마늘만 먹으라고 합니다. 호랑이는 중간에 포기하고, 곰은 쑥과 마늘만 먹는 반복 작업에 성공합니다. 결국 인간되기 미션에 성공한 웅녀는 환웅과 결혼하여 우리 민족의 시조인 단군 할아버지를 낳게 됩니다.

단군신화가 주는 의미는 여러 가지가 있겠지만, 저는 '새로운 모습으로 변화시키기 위해서는 기간을 정하고 반복하라'는 교훈를 주고 있다고 생각합니다.

『논어(論語)』「옹야편(雍也篇)」을 보면 "知之者 不如 好之者(지지자 불여 호지자), 好之者 不如 樂之者(호지자 불여 락지자)"라는 공자(孔子)의 말이 나옵니다. '아는 사람은 좋아하는 사람만 못하고, 좋아하는 사람은 즐기는 사람만 못하다'라는 뜻입니다.

이 구절을 주석에서는 이렇게 풀이하고 있습니다.

"안다는 것은 진리가 있다는 것을 아는 것이다. 좋아한다는 것은 좋아만 했지 완전히 얻지 못한 것이다. 즐긴다는 것은 완전히 얻어서 이를 즐기는 것이다."

저는 이 구절을 반복 작업의 성공을 위한 실천 지침이라고 여기며 늘 되뇌곤 합니다. 즐기는 단계가 되어야 중간에 포기하지 않고 반복 작업을 완수할 수 있기 때문입니다.

머리로만 알고 좋아한 사람은, 어떤 일을 실행할 때 자신이 설정해 놓은 궤도에서 벗어나면 당황하고 포기하기 일쑤입니다. 그러나 즐기는 단계에 도달한 사람은, 문제가 발생하고 위기가 왔을 때 창의적인 방법을 동원해 해결책을 모색하고 실천합니다.

하던 일을 중단하고 매번 새로운 일을 찾아다니는 것이 창의적인 게 아니고, 하던 일을 진행하는 과정에서 문제가 발생했을 때 해결책을 찾는 과정이 창의성의 요체인 것입니다.

우리가 비즈니스를 접할 때 간과해서는 안 될 부분이 있습니다.

성과, 즉 매출에 집착해서는 결코 오랫동안 반복 작업을 해낼 수 없습니다. 성과는 우리가 행한 일의 결과로 나타나는 것입니다. 일의 진행이 덜 되었는데 성과를 바란다는 것 자체가 요행을 기대하는 것입니다.

우리가 집착해야 할 부분은 바로 현재 내가 하고 있는 반복 작업입니다. 하루하루 내가 해야 할 일의 반복 작업을 완수해서 성공의 경험을 축적하는 것입니다. 아직 기대한 만큼의 매출이 일어나지 않았다면, 아직 나의 반복 작업이 부족하다고 여기고 묵묵히 하던 일을 계속해야 합니다. 그러기 위해서는 그 일을 알고, 좋아하고, 즐기는 단계까지 끌어올려야 합니다.

투자 성공의 핵심은 시간을 내 편으로 만들라는 것입니다. 대출받아서가 아니라 여윳돈으로 투자하라는 말도, 시간을 버텨야 성공할 수 있다는 말과 다를 바 없습니다. 대출받은 돈으로 투자하면 이자가 발생합니다. 내가 투자한 자산의 가치가 하락하면 이자 부담 때문에 그 시간을 버텨내기 어렵습니다. 그러나 여윳돈으로 투자하면 자산 가치가 하락해도 그 시간을 이겨낼 수 있습니다. 따라서 투자에서는 시간과 동업하는 사람이 승자가 될 가능성이 높습니다.

비즈니스도 결과적으로는 시간을 버텨내야 성과를 낼 수 있습니다. 내가 행한 일의 에너지가 쌓이고 쌓여 매출이라는 성과로 발생하기 때문입니다.

성과를 먼저 조급하게 생각하면, 이 일 저 일 기웃거리다가 아까운 세월만 허비하게 됩니다. 내가 지금 하고 있는 일에 절대량의 시간을 쏟아부어야 합니다. 그러기 위해서는 지금 하고 있는 일의 내용을 잘 알고, 좋아하고, 즐겨야 합니다.

오늘도 상업을 공부하고, 상품 개발하는 일을 좋아하고, 내 쇼핑몰에 상품 등록하는 일을 즐기고 있다면, 당신은 반드시 성공합니다.

12
큰 일과 작은 일

2014년에 개봉한 〈역린〉이라는 영화가 있습니다. 현빈, 정재영, 조정석 등이 열연을 펼친 정조 암살 시도를 다룬 영화입니다. 1772년 7월 28일에 일어난 정유역변을 극화한 이 영화에서 많은 이들에게 감동을 준 명대사가 나옵니다.

"작은 일도 무시하지 않고 최선을 다해야 한다. 작은 일에도 최선을 다하면 정성스럽게 된다. 정성스럽게 되면 겉에 배어 나오고, 겉에 배어 나오면 겉으로 드러나고, 겉으로 드러나면 이내 밝아지고, 밝아지면 남을 감동시키고, 남을 감동시키면 이내 변하게 되고, 변하면 생육된다. 그러니 오직 세상에서 지극히 정성을 다하는 사람만이 나와 세상을 변하게 할 수 있는 것이다."

『중용(中庸)』 23장에 나오는 이 말로, 우리는 '일을 되게 하는 것 (化, 될 화)'의 요체를 깨달을 수 있습니다. 원문은 이렇습니다.

기차   치곡   곡능유성   성즉형
其次는 致曲이니, 曲能有誠하면 誠則形하고,
형즉저   저즉명   명즉동   동즉변   변즉화
形則著하면 著則明하고, 明則動하고, 動則變하고, 變則化하니,
유천하   지성   위능화
唯天下에 至誠이라야 爲能化이니라.

그 다음은 한쪽으로 치우친 것을 지극히 하는 것이니, 한쪽으로 치우
친 것이 능히 성실하게 되면 성실한 것이 겉으로 드러나고, 겉으로 드
러나면 더욱 드러나고, 더욱 드러나면 밝게 되고, 밝게 되면 상대를
감동시키게 되고, 상대가 감동하면 상대가 따르게 되고, 상대가 따르
게 되면 자연스럽게 변하게 된다. 오직 천하에서 지극히 성실하여야
능히 자연스럽게 변하게 된다.

우리는 쇼핑몰을 만들고 상품을 등록합니다. 당연히 많은 소비자
들에게 노출되어 판매가 이뤄지고, 그 결과 많은 수익을 내는 것이 목
적입니다. 많은 수익을 낼 수 있는 유일한 해법을 『중용』 23장은 알려
주고 있습니다. 바로 정성(精誠)입니다. 위의 원문에서 '상대'라는 단어
를 '소비자'로 바꿔서 읽어보면 거기에 곧 해답이 있습니다.
스마트스토어에 상품을 등록하는 방법은 두 가지가 있습니다. 하
나는 유통 플랫폼에서 제공하는 엑셀 파일을 활용하는 일괄 등록이 있
고, 다른 하나는 상품을 하나하나 직접 등록하는 방법입니다.
일괄 등록 파일을 이용하면 상품 1천 개를 올리는 데 30분이면 족

하지만, 개별 등록을 하면 상품 하나 등록하는 데 숙달된 사람이라도 족히 20분은 걸립니다. 상품에 대해 조사하고, 상세페이지 html 소스 사이 사이에 삽입할 키워드를 찾는다면 시간이 더 걸릴 수도 있습니다.

제가 앞에서도 강조했듯이 일괄 등록은 네이버가 요구하는 검색 엔진 최적화(SEO)를 충족시키지 못합니다. 물론 필요에 따라 일괄 등록 파일을 효율적으로 이용하는 것은 사용해 볼만합니다. 그러나 수천 개의 상품을 일괄 등록으로 올려놓고 많은 매출이 나오기를 기대하기는 어렵습니다.

매출이 나오지 않는다고 푸념하는 사람들과 이야기를 해보면, 상당수가 "광고를 걸었는데도 매출이 나오지 않는다"고 말합니다. 돈을 지출하는 광고 집행은 큰 일이고, 상품 등록은 작은 일이라고 생각하는 경향이 묻어납니다. 그러나 『중용』 23장은 알려줍니다. 일에는 작은 일과 큰 일의 구분이 없습니다. 작은 일에 최선을 다하지 않으면 일을 되게 할 수 없다고 강조합니다. 회사를 찾아온 손님에게 차 한 잔 대접하는 일이나 수억 원짜리 프로젝트를 진행하는 일 모두, 똑같이 정성을 다해야 합니다.

쇼핑몰 운영의 시작은 상품 등록에서부터 시작됩니다. 상품에 대해 공부하고 조사하여 소비자들에게 더욱 정확한 정보를 제공하려는 사람과, 도매 사이트에서 제공하는 불친절한 자료를 가공 없이 등록한 사람의 쇼핑몰 중 소비자는 어디로 향할까요?

반복해서 강조하지만, 매출은 우리가 스스로 만들어낼 수 있는 영역이 아닙니다. 매출은 소비자가 만들어주는 것입니다. 우리가 할 수 있는 것은, 소비자가 내 상품을 선택하도록 정성 들여 상세페이지를 구성하고, 노출에 유리한 키워드를 개발하는 등의 노력을 기울이는 것입니다.

소비자는 당연히 정성이 들어간 스토어의 상품을 선택하게 되어 있습니다. 따라서 모든 비즈니스의 결과는 사실 내가 만든 것입니다. 정확히는 내가 행한 정성의 크기가 만들어낸 것들입니다. 내가 들인 정성이 소비자를 내 스토어로 이끌어 온 것입니다.

세상에서 가장 힘든 일이 남의 지갑을 여는 일이라고 합니다. 정성을 들이지 않고 남보다 많이 벌 수 있는 방법은 없습니다.

다시 영화 대사의 끝 구절로 돌아갑니다.

"그러니 오직 세상에서 지극히 정성을 다하는 사람만이 나와 세상을 변하게 할 수 있는 것이다."

여기에서 중요한 것은 '나와 세상을 변하게 할 수 있다'는 구절입니다. 궁극적으로 내가 변하지 않으면 세상을 변하게 할 수도 없고, 일을 되게 할 수도 없음을 강조합니다.

스마트스토어든 다른 모든 세상 일이든 매한가지입니다.

스마트스토어 비즈니스맨이 된다는 것

13

도전이 시작이다

쇼핑몰을 운영하다 보면, 전혀 기대하지 않았던 상품이 대량으로 판매되는 경험을 하게 됩니다. 많은 노력을 기울인 상품은 판매가 저조하고, 크게 기대하지 않았던 상품이 효자 노릇을 하는 경우를 접하곤 합니다.

거래처도 마찬가지입니다. 큰 기대를 걸고 많은 노력과 자원을 쏟아부은 거래처가 결과적으로는 나에게 손실을 끼치고, 우연하게 형성된 거래처가 경영에 큰 수익을 안겨주는 사례가 있습니다. 열 명의 거래처를 만나면 그중에 두세 군데는 나에게 손실을 끼치고, 대여섯 곳의 거래처는 의미 있는 이익도 손실도 없고, 나머지 두세 군데의 거래처가 큰 이익을 가져다주는 경험을 하게 됩니다.

물론 처음 거래를 시작할 때는 거래처에 따라 기대치가 있지만, 기대와 결과가 예측대로 흘러가지만은 않습니다. 잘 차려입고 멋진 사업 구상으로 나를 설득했던 거래처 사장이 알고 보니 속 빈 강정인 경우도 있고, 작업복 차림으로 회사를 방문하여 말도 어눌하던 거래처의 사장님이 진국인 경우도 허다합니다.

이탈리아의 경제학자 빌프레도 파레토(Vilfredo Pareto)는 이탈리아의 20% 인구가 80%의 땅을 소유하고 있는 현상에 대해 논문을 발표했습니다. 이후 경영 컨설턴트인 조셉 주란(Joseph M. Juran)은 상위 20%가 전체 생산의 80%를 해낸다는 현상을 찾아내고 '파레토의 법칙'이라고 명명했습니다.

어떤 회사의 상위 고객 20%가 전체 매출의 80%를 담당한다는 이론입니다. 판매되는 상품의 매출도 마찬가지입니다. 잘 팔리는 상위 20%의 상품이 전체 매출의 80%를 차지한다는 것입니다. 이를 조직에 대입해 보면, 어떤 성과의 80%는 상위 20% 행위의 결과이며, 나머지 80%는 20% 성과에 기여할 뿐이라는 것입니다. 원인의 20%가 80%의 결과를 만들어낸다는 이론입니다.

큰 회사를 경영하든 작은 쇼핑몰을 운영하든, 자신의 거래처 및 상품의 매출을 그래프로 그려 보면 거의 대부분 이와 유사한 현상을 발견하게 됩니다. 유통 플랫폼 케이셀러를 이용하여 쇼핑몰을 운영하는 사람들이 많지만, 상위 회원 20%가 전체 매출의 80%를 만들어냅니다. 또 잘 팔리는 상위 20%의 상품이 전체 매출의 80%를 차지하고 있는 현상을 어렵지 않게 발견할 수 있습니다.

물론 이 이론은 한정된 사례에 대한 현상만 설명할 뿐, 모든 대상에게 항상 적용되는 것은 아닙니다. 그러나 이 이론에 착안하여 '선택과 집중'의 마케팅 방법을 이용하는 것도 부인할 수 없는 사실입니다.

다만 문제는, 어떤 거래처가 이익을 주고 어떤 거래처가 손실을 끼칠지 예상할 수 없다는 데 있습니다. 어떤 상품이 큰 이익을 줄지 판매해 보지 않으면 알 수가 없습니다. 기업들이 매년 신상품을 출시하고 있지만, 이중 80%는 2년 안에 단종되거나 구색 맞춤용으로 전락합니다. 심혈을 기울인 상품이 단종되기도 하고, 큰 노력을 들이지 않은 상품이 롱런하기도 합니다.

세상은 우리가 예상하는 범주를 뛰어넘어 훨씬 다양한 원인이 조합되어 현상을 만들어내기 때문입니다. 물론 사회의 진행 방향을 분석하고 예측하여 비즈니스 계획을 짜는 것은 사업하는 사람들에게는 필수적이지만, 때로는 논리적으로 설명되지 않은 일들이 발생하는 것 또한 사실입니다.

해보지 않으면 알 수 없는 것이 사업이라지만, 예상을 빗나가면 큰 실망을 하기 마련입니다. 때문에 분석도 치밀하게 하고, 비즈니스의 과정과 결과에 대해 수많은 도상 훈련도 해야 합니다. 그러나 무엇보다 가장 중요한 것은 '도전'입니다. 도전을 해야 실패도 하고 성공도 하며, 단종 상품도 나오고 롱런 상품도 나오는 것입니다.

'선택과 집중'은 일정한 양의 데이터가 쌓였을 때 적용할 수 있는 마케팅 방법입니다. 일단 데이터를 만들기 위해서는 부딪히고 시도해야 합니다. 때문에 도전하지 않으면, 선택할 대상도 집중할 일도 나타나지 않습니다.

'구미호 100일 작전'을 통해 수많은 상품을 등록하지만, 모든 상품들이 매출로 이어지지는 않습니다. 첫 매출이 나올 확률도, 또 첫 매출이 나온 상품 중에 재구매가 일어날 확률도 20%에 머뭅니다.

어떤 상품이 첫 매출로 이어지고, 또 어떤 상품이 재구매로 연결될지는 아무도 모릅니다. 다만 다양한 상품을 등록하여 판매를 시도해보는 것은 나의 의지로 할 수 있습니다.

그래야 잘 팔리는 20%의 상품을 확보할 수 있습니다.

물고기가 오는 길목

쇼핑몰을 운영하다 보면 뜻하지 않은 매출이 발생하는 경우가 있습니다. 손님들과 저녁식사를 하는데 쉼 없이 울리는 매출 알림 메시지…. 꿩엿이었습니다. 제주도에서 꿩고기를 주원료로 만든 엿으로 어린이 보신, 감기 예방, 경기 예방 등에 좋다고 알려져 있습니다.

상품을 등록해 두고 거의 매출이 없던 상품인데, 갑자기 매출이 달음질을 치는 것이었습니다. 상업을 하는 사람들은 직감적으로 압니다. 매출이 갑자기 늘거나 줄면 방송 매체의 영향이 클 것이라고. 아니나 다를까, 종편 채널에서 '꿩엿'을 방송하고 있었습니다.

케이블방송 채널에 〈일로 만난 사이〉라는 프로그램이 있었습니다. 방송인 유재석이 게스트와 함께 노동을 하며 땀의 소중함을 체험하는 예능 프로그램입니다. 그날은 부안 변산반도의 곰소만에 위치한 곰소 염전을 찾았습니다. 자연스레 곰소 소금이 홍보되었습니다. 사실 곰

스마트스토어 성공의 조건 구미호 100일 작전

소 소금은 생산량은 적지만 품질은 최상을 자랑하는 소금입니다. 미네랄 함량이 일반 소금보다 10배 정도 많다고 알려져 있습니다. 곰소 젓갈이 유명한 것도 알고 보면 곰소 소금 덕분입니다.

방송이 나가자, 평소 매출이 많지 않은 상품이었는데 수십 배의 매출을 기록했습니다. 김장철을 앞둔 시점에 방송을 타고, 케이블채널의 특성상 재방송이 많아 매출세가 한동안 꺾이지를 않았습니다.

사례를 하나만 더 들어보겠습니다. 제주도에는 물고기를 발효시켜 만든 간장인 어간장이 있습니다. 육지에서는 대부분 콩으로 간장을 만드는 것과 비교됩니다. 어간장은 매출이 꾸준한 상품이었습니다. 그런데 어느 날 갑자기 매출이 급증하기 시작했습니다.

역시 방송이었습니다. 케이블방송 채널에 방송인 김수미 씨가 출연하는 〈수미네 반찬〉이라는 예능이 있는데, '어간장'으로 간을 하는 장면이 전파를 탄 것입니다.

이런 사례는 수도 없이 많습니다. 물론 상품의 특성상 1회성 매출로 끝나는 상품도 있고, 방송을 계기로 매출이 레벨업 되어 유지되는 상품도 있습니다. 중요한 것은 '누가 이런 기회를 잡을 수 있느냐'입니다. 당연히 정답은 사전에 상품을 등록하고 기다리는 사람입니다.

물고기를 잡는 방법이 다양하겠지만, 대표적으로는 낚시와 그물이 있습니다. 낚시는 포인트를 잘 정하고 때를 잘 맞추는 것이 중요합니다. 그리고 자리를 떠나지 않고 기다려야 합니다. 들이는 시간과 비용에 비해 잡는 양이 적을 수 있습니다. 물론 적은 양이라도 값어치가 나가는 어종이면 돈이 되겠지요.

그물로 잡는 방법은 길목을 지키는 것이 중요합니다. 물고기가 올 만한 길목을 사전에 정하고 그물을 쳐두는 것입니다. 낚시나 그물 모두 기다린다는 공통점이 있지만, 그물로 잡는 방법은 어군이 오기 전까지 다른 일을 할 수 있다는 장점이 있습니다.

쇼핑몰을 운영하는 사람들은 낚시할 상품과 그물을 칠 상품을 구별해야 합니다. 광고비를 들여서 상품을 노출시키면서 다른 판매자와 경쟁하는 방법은 낚시에 해당합니다. 노출이 되면 매출이 바로 일어날 수 있는 상품에 적합합니다. '미끼'라는 비용이 발생한다는 점을 감수해야 합니다.

상품성은 뛰어나지만 홍보가 덜 되고 시장이 무르익지 않은 상품은, 광고비를 지출해도 성과가 잘 나지 않습니다. 이런 상품은 그물을 쳐두고 때를 기다려야 합니다. 장점은, 기다리는 동안 비용이 발생하지 않고 그 자리를 지키지 않아도 된다는 것입니다. 그물은 많이 쳐놓을수록 좋습니다. 세상 일은 예측하기가 어려워, 어떤 상품이 어떤 계기로 인해 터질지 모릅니다.

세상에는 낚시질을 해야 할 상품과 그물을 치고 기다려야 할 상품이 혼재되어 있습니다. 세상을 바라보는 관점이 다양한 만큼 판단은 판매자들의 몫입니다. 다만 확실한 것은, 준비된 사람만이 일면식도 없는 유재석 씨의 도움도 받고 김수미 씨의 덕도 볼 수 있다는 점입니다.

유능한 어부는 물고기가 오는 길목을 지킵니다.

스마트스토어 성공의 조건 구미호 100일 작전

협상의 기본 자세

비즈니스는 협상의 연속입니다. 사람과 사람 사이에서 일어나는 일이기 때문에 항상 상대가 존재하게 되고, 협상을 통해서만 목표하는 바를 이룰 수 있습니다. 수억 원짜리 사업을 따내는 일부터 1만 원짜리 클레임을 처리하는 일까지, 모든 것이 협상을 통해 처리됩니다. 그렇기 때문에 '비즈니스는 협상으로 시작해서 협상으로 끝난다'고 해도 과언이 아닙니다.

국가도 마찬가지입니다. 다른 나라와의 협상을 통해 얻고자 하는 바를 얻어 부국강병을 도모합니다. 타국과의 협상을 주도하는 주요 부처로는 외교부와 국방부가 있습니다. 흔히 외교관의 임무를 총소리 없는 전쟁에 빗댑니다.

정치학적으로는 '가장 적극적인 외교는 전쟁이며, 가장 소극적인 전쟁은 외교'라는 표현을 씁니다. 외교와 전쟁은 본질적으로 자국이 얻

스마트스토어 비즈니스맨이 된다는 것

고자 하는 것을 얻어내는 협상의 다른 형태일 뿐입니다.

그렇다면 어떤 협상이 가장 훌륭한 협상일까요?

아무래도 적은 자원을 활용하면서도 얻고자 하는 바를 얻어내는 것이겠지요. 그런 의미에서 세 치 혀로 거란족의 침입을 물리친 서희의 담판 외교가 그 대표적인 본보기라고 할 수 있습니다.

옛 고구려 땅은 거란의 소유라는 적장 소손녕의 주장을 반박하며, 서희는 '국명(國名)으로 보아도 고려는 고구려의 후신'임을 설득합니다. 결국 거란군을 철수시키고 청천강 이북의 땅을 완전하게 고려의 영토로 회복했습니다.

우리나라 국립외교원 정문에 서희의 동상을 세운 것은, 외교 역사상 기념비적인 서희의 협상력을 본받아 나라를 지키겠다는 후배 외교관들의 의지의 표현이기도 하겠지요.

『장자(莊子)』의 「달생편(達生篇)」에 '투계(鬪鷄)'에 대한 우화 중 '목계(木鷄)'라는 단어가 나옵니다.

투계를 몹시 좋아하던 중국의 어느 왕이 당시 투계 사육사였던 기성자란 사람에게 최고의 투계를 만들어 달라고 했습니다.

맡긴 지 10일이 지난 후 왕은 기성자에게 닭이 싸우기에 충분하냐고 물었습니다. 이에 기성자는 "닭이 강하긴 하나 교만하며, 그 교만이 없어지지 않는 한 최고의 투계는 아닙니다"라고 답했습니다.

또 10일 뒤에는 "교만함은 버렸으나 너무 조급해 진중함이 없습니다"라고 답했으며, 다시 열흘 뒤에는 "눈초리가 너무 공격적이어서 최고의 투계는 아니다"라고 답하였습니다.

다시 10일이 지나 40일째 되는 날 왕이 묻자, 기성자는 "이제 된 것 같습니다. 다른 닭이 아무리 도전해도 움직이지 않아 마치 나무로 조각한 목계(木鷄)가 됐습니다. 어떤 닭이라도 그 모습만 봐도 도망칠 것입니다."라고 대답했습니다.

비즈니스를 오랫동안 해오면서 큰 사업체를 일군 사람들을 보면, 화를 잘 안 내고 온화한 성품을 지녔다는 공통점을 발견하게 됩니다. 때로는 목계처럼 무표정한 표정을 짓기도 하지요.

과연 그들의 온화한 성품이나 인자한 얼굴 표정은 타고난 것일까요? 저는 태생이라기보다는, 먼저 공격하여 가해자의 위치에 서게 되면 '반드시 손해를 본다'는 사실을 알게 되어, 스스로를 수없이 단련시킨 결과로 형성된 표정이라고 생각합니다.

상대가 먼저 화를 내고 공격하게 되면, 나는 피해자의 위치를 확보할 수 있습니다. 피해자의 위치만 확보하고 나면, 그 다음의 협상 주도권은 내가 쥐게 됩니다. 잠깐의 조급함을 참지 못하고 먼저 공격적인 언사를 쏟아낸다면, 당장은 쾌감을 느끼겠지만 가해자로서의 의무만 남게 됩니다. 양보하거나 빼앗겨야 일이 해결됩니다.

또한 사업을 오래해 온 사람들의 행동을 살피다 보면, 작은 가격이나 사소한 서비스 하나까지도 치밀하게 따지고 드는 습관이 몸에 배어 있음을 알 수 있습니다. 온화한 표정은 간데없고, 심하다고 할 정도로 자신의 권리를 주장하며 상대를 몰아붙이는 경우를 종종 보게 됩니다.

바로 소비자로서의 권리를 행사할 때입니다. 비즈니스 하는 사람들은 소비자로서의 지위와 거래처로서의 입장을 완전히 분리해서 사고해야 합니다. 소비자는 자신이 지불한 돈에 걸맞는 재화와 서비스를 요구할 권리를 갖습니다. 구매처의 상품이 마음에 안 들면 다른 곳을 이용하면 그만입니다. 그래서 소비자는 구매처와의 지속적인 거래에는 관심이 없습니다.

그러나 거래는 다릅니다. 거래처와의 관계는 일회성에 그치지 않습니다. 상대방이 행한 오늘의 실수를 눈감아주면 다음에는 더 큰 것을 요구할 수도 있습니다.

지금은 작은 거래처에 불과하지만, 미래에는 나에게 큰 이익을 가져다줄 주요 거래처로 변모할 수도 있습니다. 그래서 비즈니스 하는 사람들은 매입처든 매출처든 거래처 임직원들과 항상 좋은 관계를 유지하기 위해 노력합니다.

오히려 상대방의 실수가 있기를 바라기도 합니다. 내가 작은 것을 들어주고 나면, 나중에 더 큰 건으로 협상을 진행할 때 협상의 판을 나에게 유리하게 만들어줄 무언의 권리가 확보되기 때문입니다.

크든 작든 비즈니스를 하는 우리는 매일 협상을 합니다. 협상에는 분명한 목표가 있습니다. 다만 그 목표를 이루는 방법이 각자 다를 뿐입니다. 상대방이 자발적으로 양보하게 만드는 사람도 있고, 빼앗긴 느낌을 주면서 얻어가는 사람도 있습니다. 명심해야 할 것은, 한 번의 거래로 끝나는 관계가 아닌 이상 상대방의 마음에 상처를 주면서 협상을는 점입니다.

세치 혀를 잘 굴려 상대방을 설득하든지, 무서운 목계의 내공에 압도되어 스스로 양보하게 하든지, 마지막에는 상대방의 자발적인 동의를 얻어내는 협상을 추구해야 합니다. 그래야 다음을 기약할 수 있습니다.

16

큰 힘에는 큰 책임이 따른다

간혹 정부기관의 기관장이나 공기업의 임원으로 취임한 사람들이 비리에 연루되어 임기를 못 채우고 떠나는 광경을 보게 됩니다. 그들 중 일부는 자리 보전은커녕, 구속이 되거나 인생의 나락으로 떨어지기도 합니다. 자신의 직위를 사적인 용도로 사용하다가 문제를 일으키면, 그 높은 자리가 오히려 인생을 무너뜨리는 칼날로 작용하기 때문입니다. 많은 사람들에게 높은 지위가 부러움의 대상이긴 하지만, 현실은 정반대의 결말로 이어지는 사례가 많습니다.

정치를 하든 사업을 하든 직장생활을 하든 사회단체 일을 하든, 누구나 자신의 지위에 따른 역할과 책임을 부여 받습니다. 지위가 높아질수록 결재권을 행사할 수 있는 일의 중요도와 절대량은 더 많아지게 설계되어 있습니다.

더 중요하고 큰일에 대한 결재권을 행사하기 위해서는 결재권자 스스로 그 일에 대한 안목과 지식을 겸비하고 있어야 합니다. 더불어 공과 사를 구분하고, 일의 이치를 헤아릴 수 있는 철학적인 지혜가 요구됩니다.

어리석게도 사람들은, 높은 지위에서 누리는 큰 권한과 화려함에는 환호하지만, 그 이면에 존재하는 책임의 크기에 대해서는 잊어버리는 경우가 많습니다. 책임의 크기는 직위에 비례하여 발생합니다. 대리급이 일을 잘못하면 몇 천만 원의 손해에서 끝날 수 있지만, 사장이나 임원이 판단을 잘못하면 회사가 망할 수도 있습니다. 그래서 직위가 높아질수록 내가 하는 서명에 대한 두려움의 크기도 함께 커지는 것입니다.

영화 〈스파이더맨〉의 끝자락에 많은 사람들에게 감동을 주는 명대사가 등장합니다.

Whatever life holds in store for me, I will never forget these words. 'With great power comes great responsibility.' This is my gift, my curse.
앞으로 내 삶이 어떻게 흘러가든, 이 말은 절대 잊지 않을 것이다. '큰 힘에는 큰 책임이 따른다.' 이것은 나에게 주어진 축복이자 저주이다.

주인공 피터 파커가 메리 제인의 사랑 고백을 거절하며 돌아서 혼자 되뇌는 독백입니다. 자신도 진정 메리 제인을 사랑하지만, 자신이 사랑을 받아주는 순간 메리 제인은 악당의 표적이 될 것이 분명하기 때문입니다. 악당에 대적하여 영웅의 길을 걷기 위해서는 메리 제인의 사랑을 거절할 수밖에 없는 책임의 크기를 가늠해 보게 합니다. 메리 제인을 지켜주기 위해 메리 제인을 떠나야 하는 역설의 등식이 성립됩니다.

크든 작든 사업을 하는 우리는 매순간 선택의 기로에 섭니다. 거래처와의 거래 개설, 상품의 취급 여부, 거래 조건, 가격 결정, 클레임 처리 등 수많은 판단을 해야 합니다. 열 가지의 판단을 하고 나서 시간이 지나 되돌아보면, 몇 가지는 잘못된 판단이었을 경우도 있을 겁니다. 신이 아닌 이상 모든 판단이 들어맞을 수는 없는 노릇이니까요. 하지만 때로는 잘못된 판단이었다고 생각했던 것이 시간이 지나 더 좋은 결과로 이어지기도 합니다. 그래서 단기적인 성과만으로 그 판단의 잘잘못을 따지기는 어렵습니다.

중요한 것은 판단의 시점에 내가 가졌던 마음가짐입니다. 내 능력에 걸맞지 않은 과도한 욕심을 부리지는 않았는지, 공과 사를 구분하지 못하고 사적인 이익을 취하려는 마음이 있지는 않았는지 경계해야 합니다. 무너진 성과는 다시 일으켜 세울 수 있지만, 공과 사를 혼동하는 철학의 부재에서 발생한 일은 해결되지 않습니다. 결정한 사람이 책임을 져야 합니다. 망하든 법적 책임을 지든, 어떤 식으로든 말이지요.

크든 작든 조직을 운영하며 사업을 하는 우리는 오늘도 판단을 합니다. 스스로의 가치관을 적용해 판단할 수 있다는 것은 분명 축복입니다. 그러나 그

"With great power comes great responsibility. This is my gift, my curse."

17

통계의 승리

국가의 흥망성쇠나 비즈니스의 성패 등 모든 일에는 변곡점이 나타납니다. 변곡점이란, 그동안의 에너지가 쌓이고 쌓여 위쪽 방향이나 아래쪽 방향으로, 상황이 급격하게 진행되는 지점을 말합니다.

『삼국지연의(三國志演義)』에 나오는 수많은 영웅들의 이야기 중 기존의 질서를 뒤엎고 새로운 방향으로의 진전을 만들어낸 변곡점은, 『삼국지』의 3대 전쟁이라 일컬어지는 관도대전(官渡大戰), 적벽대전(赤壁大戰), 이릉대전(夷陵大戰)입니다.

서기 200년, 후한(後漢)의 영제(靈帝)를 손아귀에 넣은 조조(曹操)는 하북지방에서 힘을 키우고 있는 원소(袁紹)를 제압하기 위해 15만 군사를 일으켜 하북지방의 관문인 관도(官渡)에서 원소의 70만 대군과 대결합니다.

모사(謀士)들의 진언을 충언으로 받아들여 작전을 세운 조조에 비해, 원소는 모사 전풍(田豊)과 심배(審配)의 진언을 무시합니다. 결국 병력의 수에만 의지한 교만으로, 원소는 압도적인 병력의 우위에도 불구하고 패전하게 됩니다. 교병필패(驕兵必敗). 교만한 군대가 그 위세를 뽐내는 것은 교병(驕兵)이며, 이런 교병은 필패(必敗)라고 했던 전한(前漢) 선제(宣帝) 때의 승상(丞相)인 위상(魏相)의 교훈을 잊은 대가입니다.

이로써 조조는 하북 지방을 평정하고 중원 최대 강자로 등극합니다. 원소의 패배는 형주의 유표(劉表)와 유비(劉備), 강동의 손권(孫權)에게도 영향을 미쳐 적벽대전(赤壁大戰)으로 이어집니다.

적벽은 지금의 싼샤(三峽)댐이 자리 잡고 있는 양쯔강 중상류 지역입니다. 조조에 대항하여 유비·손권 연합군이 승리한 적벽에서의 싸움은, 전쟁의 요체는 기만(欺瞞)이라는 손자(孫子)의 병법이 유감없이 발휘된 전쟁이었습니다.

적벽대전을 오촉연합군(吳蜀聯合軍)의 승리로 이끈 작전은 연환계(連環計), 사항계(詐降計), 고육계(苦肉計)로 요약할 수 있습니다. 오나라의 대도독 주유(周瑜)는 제갈공명(諸葛孔明)의 의견을 받아들여 화공(火攻)을 계획합니다. 조조의 대군을 격파하기 위한 화공 작전 구상을 실현시키기 위해 반드시 필요한 것은, 위나라의 배들이 기동성을 발휘할 수 없도록 한데 묶는 것입니다.

바로 연환계입니다. 배를 타본 경험이 없는 조조 수군의 약점은, 흔들리는 배 위에서 멀미를 한다는 것이었습니다. 이를 방지한다는 구

스마트스토어 비즈니스맨이 된다는 것

실로, 전함들을 서로 묶어 육지처럼 견고한 진을 만들라는 방통(龐統)의 계략이 먹혀 들어갑니다.

연환계가 성공했으니 이제 불쏘시개가 필요합니다. 이를 위해 거짓으로 항복하러 오는 척하며 불을 붙이는 첨병 역할을 오의 노장 황개(黃蓋)가 맡습니다. 거짓으로 항복하는 사항계가 먹혀 들어가기 위해서는 반드시 적의 의심을 해소하기 위한 고육계가 수반되어야 합니다.

황개는 의심이 많은 조조를 속이기 위해 오의 대장 주유로부터 온몸이 피투성이가 되도록 태장을 맞는 고육계를 몸소 요청하여, 조조에게 거짓 항복을 하는 데 성공합니다. 이에 더해 제갈공명이 택일한 날 때마침 동남풍이 불어와 오촉연합군의 화공이 성공하여, 조조는 간신히 목숨만 건져 후퇴합니다.

적벽대전의 결과로 손권의 강남 지배가 확정되고 유비도 형주(荊州) 서부에 세력을 얻어, 위촉오(魏蜀吳) 천하삼분지세(天下三分之勢)의 형세가 정립되게 됩니다.

『삼국지』3대 전쟁의 마지막은 이릉대전(夷陵大戰)입니다. 외교에서 불변의 진리는 '영원한 적도 영원한 친구도 없다'는 단순한 사실입니다. 적벽에서의 동지였던 오나라와 촉나라가 오늘은 결코 한 하늘 아래 살 수 없는 원수가 되어 싸운 전쟁이 이릉대전입니다.

오와 접경지대인 형주를 외롭게 지키고 있던 관우(關羽)는 오의 장수 여몽(呂蒙)의 계략에 넘어가 올가미에 묶여 죽습니다. 『삼국지』최고의 영웅인 관우의 허망한 최후였습니다.

태어난 날은 다르지만 한날한시에 죽고자 했던 도원결의(桃園結義)를 지키기 위해, 유비와 장비는 마음이 급해집니다. 결국 복수심에 눈이 멀어 출병을 서두르다, 장비는 부하 장수들에게 살해당합니다.

사실 이릉전투는 감성과 이성 중 어느 쪽이 승리하는지를 여실히 보여준 전투였습니다. 관우와 장비, 두 의형제가 죽고 나자 유비는 아우들의 원수를 갚겠다는 지극히 감성적인 이유로 출병합니다. "촉의 적은 오가 아니라 북쪽의 위나라"라는 참모들의 충언도 귀에 들어오지 않습니다.

반면 오의 손권은 먼저 위나라의 신하를 자처하며 배후의 위협을 없앱니다. 실리를 위해 적에게 머리를 숙이는 이성적인 판단을 한 것입니다. 이후 육손(陸遜)을 대도독으로 삼고 주연(朱然), 반장(潘璋), 한당(韓當) 등의 장수에게 5만 명의 병사를 나눠주어 촉의 침공을 막게 합니다. 육손은 6개월이 넘는 지구전으로 촉군의 사기를 꺾고 화공으로 촉을 제압합니다. 적벽에서 조조군을 화공으로 제압했던 유비군은 스스로가 화공의 제물이 되니, 역사는 반복되는가 봅니다.

겨우 목숨만 건진 유비는 백제성(白帝城)으로 퇴각하고, 그곳에서 제갈공명에게 아들 유선(劉禪)을 맡기고 병사합니다. 이로써 복숭아나무 아래에서 맺은 형제의 결의도 역사의 뒤안길로 사라집니다.

『삼국지』 3대 전쟁 중에서도 후세에 가장 많이 회자되는 전쟁은 단연 적벽대전입니다. 적벽대전에서 조조가 승리했다면 천하삼분지계도 불가능했을 것이며, 고대 중국의 역사도 크게 달라졌을 것입니다. 적벽대전은 『삼국지』 전 시대를 통틀어 최대의 변곡점이었던 셈입니다.

적벽대전은 사실 오와 위의 전쟁이나 다름없었습니다. 조조에게 쫓기는 유비가 오의 손권을 설득해 전쟁으로 끌어들여 실리를 챙긴 전쟁이었습니다. 그러나 후세의 극작가들에 의해, 가장 많은 주목을 받으며 적벽대전의 주인공 행세를 한 사람은 촉의 제갈공명입니다. 북서풍이 부는 겨울철인데도 불구하고 귀신의 솜씨를 이용해 동남풍을 불러와 오촉연합군의 화공을 성공시켰기 때문입니다.

여기서 다시 위에서 언급한 『손자병법(孫子兵法)』으로 돌아가 봅니다. 『손자병법』에서는 "전쟁을 이기기 위해서는 다섯 가지 요소를 핵심으로 분석하고, 일곱 가지 기준에 따라 정세를 비교해 봐야 한다"고 강조합니다.

장수가 반드시 파악하고 있어야 할 다섯 가지 기본 요소는 정치, 기후, 지리, 장수, 법제로 요약됩니다. 그리고 일곱 가지 기준에는 군주의 정치, 장수의 지휘, 기후와 지리 조건, 법제의 엄격과 공정성, 병력과 무기, 병사의 훈련, 상벌의 공정성과 시행 여부가 포함됩니다.

여기서 주목할 부분이 바로 다섯 가지 기본 요소와 일곱 가지 기준에 공통적으로 포함되는 '기후와 지리'입니다. 『손자병법』을 쓴 손무(孫武)는 "기후와 지리를 알지 못하는 장수는 병사를 죽음으로 내몰고 전쟁에서 반드시 진다"고 일갈했습니다. 바둑에서 귀(모퉁이)와 변(邊), 중원 중 가장 먼저 귀에 착수하는 것도 근거를 만들기 위해서는 모퉁이라는 지리적 이점을 활용하기 위한 것입니다.

　제갈공명은 양쯔강 중상류지역의 기후를 연구하여, 겨울철에도 동짓날을 전후해 바람의 방향이 2~3일간 바뀐다는 사실을 알고 있었습니다. 1800년이 지난 지금도, 양쯔강 중상류에서는 겨울철에 북서풍이 불다가 일시적으로 동남풍으로 바람의 방향이 바뀌는 현상이 지속되고 있습니다.

　겨울철에는 북서풍이 분다는 사람의 상식을 뛰어넘어, 화공으로 전쟁을 승리로 이끈 것은 바로 기후에 대한 통계였던 셈입니다. 통계를 활용하면 과거의 일정한 패턴을 발견하게 되고, 이를 현실에 활용하면 예측 적중의 확률을 높일 수 있습니다.

　사실 세상사에 완벽한 예측이란 있을 수 없습니다. 사회 현상은 수많은 현상들이 조합되어 나타나는 결과이기 때문입니다. 다만 예측의 적중률을 높일 수는 있습니다. 인간 사회든 자연 현상이든 일정한 영역에서 과거의 행태를 반복하려는 성격을 띠기 때문입니다.

　　　　　　　　　　　　　　　　　　　　　　쇼핑몰을 운영하는 사람은 1년 전 이맘때 어떤 상품들이 상위 매출을 기록했는지 파악하고 있어야 합니다. 통계를 활용하여, 다가오는 계절에는 어떤 상품의 판매가 확대될 것인지, 미리 예측하고 준비할 수 있어야 합니다.

　우리는 다행스럽게도, 제갈공명이 기울였던 노력의 극히 일부만 투자해도 통계를 활용할 수 있는 시대에 살고 있습니다. 네이버를 비롯

스마트스토어 비즈니스맨이 된다는 것

한 각종 쇼핑 매체들에서 월별 상위 매출 상품군에 대한 정보는 물론이고 상품 구매자의 연령대나 성별 등의 자료를 제공해 줍니다.

셀러마스터 등의 사이트에서는 검색엔진에서의 조회 수 및 상품 수 등의 정보를 무료로 제공해 줍니다. 컴퓨터를 활용하면 수많은 정보를 접할 수 있고, 엑셀 프로그램을 이용하여 그래프를 그려 보며 추이를 예측해 낼 수도 있습니다.

그러나 이런 정보를 활용하여 영업 계획을 수립하고 실천하는 사람은 많지 않습니다. 손무가 강조했던 기후와 지형의 중요성을 모두가 알고 있음에도 불구하고, 이기는 장수와 지는 장수가 있는 것과 같은 이치입니다. 결국은 실천의 문제인 것입니다.

우리가 소비자의 행동 양태 및 구매 속성을 바꿀 수는 없습니다. 그러나 소비자의 구매 속성을 분석해 내고 활용할 수는 있습니다. 통계를 잘 활용하면, 한겨울에도 동남풍을 불러오는 제갈공명의 귀신같은 능력을 갖출 수 있음을 잊지 마십시오.

인문학적 소양

금수저로 태어나 젊은 나이에 경영자가 된 사람을 보면, 사람들은 부러움과 함께 남모를 질투심을 느낍니다. 그리하여 창업주가 일군 성과보다 2세대에 와서 더 큰 기업으로 발전하더라도, 그 2세의 치적을 깎아내리려는 자세를 보이곤 합니다.

창업주를 능가하는 2세의 실력 발휘를 애써 무시하는 태도는, 창업이 더 어렵다는 인식과 함께 부모 잘 만난 사람에 대한 일종의 콤플렉스라고 볼 수 있습니다. 과연 부모 잘 만난 사람들은 모두 부모를 능가하는 성과를 내고 성공할 수 있을까요?

제왕학(帝王學)의 교과서로 일컬어지는 『정관정요(貞觀政要)』에는 창업과 수성을 바라보는 당(唐) 태종의 자세가 잘 나와 있습니다.

당나라를 개국한 고조(高祖) 이연(李淵)의 둘째아들인 이세민(李世民)은 아버지를 도와 수(隋)나라를 무너뜨리고 당나라를 건국하는 데 핵

스마트스토어 비즈니스맨이 된다는 것

심적 역할을 수행합니다. 그러나 장자에게 황위를 물려주려는 아버지의 뜻을 알고 '현무문의 변(玄武門之變)'을 통해 태자인 형 건성(建成)과 동생 원길(元吉)을 죽이고 황제의 자리에 오르는 데 성공합니다. 당나라 2대 황제 태종(太宗)입니다.

골육상쟁의 피비린내로 황제에 올랐지만, 태종은 실력 중심의 인재 등용과 민생 안정을 위한 각종 정책을 펼쳐, 중국 역사상 가장 바람직한 황제의 표상으로 평가받습니다. 수(隋)나라 말기 전국적인 동란과 백성들의 피폐한 생활을 해소하고 율령체제(律令體制)를 정비하는 등 모범적인 황제 정치를 펼친 태종의 치세(626년~649년)를 당시의 연호인 정관에서 따와 '정관의치(貞觀之治)'라고 하여 칭송하고 있습니다.

어느 날 태종이 여러 신하들이 모인 자리에서 "창업과 수성 중 어느 쪽이 어려운가(創業守成孰難)?"라고 묻습니다. 이에 방현령(房玄齡)은 "창업은 여러 군웅들이 봉기하고, 그 봉기한 군웅 가운데 최후의 승자가 할 수 있는 것"이라며 창업이 어렵다고 하고, 위징(魏徵)은 "예로부터 제왕의 자리는 간난(艱難) 속에서 어렵게 얻었다가, 안일(安逸) 속에서 쉽게 잃는 법"이라며 수성이 어렵다고 합니다.

그러자 태종이 말합니다.

"방공(房公)은 짐과 함께 천하를 차지하면서 여러 차례 어려운 고비를 거치며 구사일생으로 살아남았소. 그래서 창업이 어렵다고 말한 것이오. 그리고 위공(魏公)은 짐과 함께 나라를 안정시키고 있는데, 항

스마트스토어 성공의 조건 구미호 100일 작전

상 교만과 사치가 부귀에서 싹트고, 여러 재난이 소홀과 방심에서 나오기 쉽기 때문에 그것을 두려워하고 있는 것이오. 그래서 수성이 어렵다고 말한 것이오. 그러나 이제 창업의 어려움은 끝났소. 그래서 짐은 앞으로 귀공들과 함께 수성의 어려움을 풀어가고자 하오."

　1세가 기업을 일구고 2세가 지키며 3세에서 망한다는 말이 있습니다. 창업주는 창업의 과정에서 온갖 고생을 했기 때문에 세상 무서운 줄 압니다. 아들은 아버지가 고생한 것을 옆에서 보고 자랐기 때문에 지킬 줄 압니다. 그러나 손자는 어려서부터 풍족한 생활을 하고 온실 속 화초처럼 자라나서 지키지 못한다고 하는 데서 비유된 말입니다. 잊을 만하면 언론을 장식하는 대기업 오너 3세들의 일탈 행위를 보면, 이 말이 꼭 틀린 것만은 아닌 듯합니다.

　사실 창업과 수성 중 어느 쪽이 더 어려운지는 정량적으로 평가할 수 있는 대상이 아닙니다. 창업하는 사람에게는 창업이 어렵고, 지키는 자에게는 수성이 어렵습니다. 그러나 굳이 어느 쪽이 더 어렵냐고 저에게 물어오면, 저는 수성에 방점을 찍습니다.

　창업주는 창업의 과정 중 많은 성공과 실패의 경험을 통해 훌륭한 가치 체계 형성의 기회를 갖습니다. 큰 성공도 한 번의 판단 미스로 물거품이 되기도 하고, 좌절의 늪에서도 희망의 끈을 놓지 않고 기회를 만들어 성공하기도 합니다. 창업의 과정 그 자체가 철학적 틀을 완성하는 시련과 훈련의 과정일 수 있습니다.

그러나 지키는 사람은, 직접 성공과 실패의 경험을 몸으로 체험하기에는 지켜야 할 자산의 무게가 너무 무겁습니다. 간접 경험을 통해 세상을 바라보는 안목을 창업주 수준으로 끌어올려야 합니다.

간접 경험으로 세상을 바라보는 안목을 높이기 위해서 필요한 것이 인문학적 소양입니다. 애플의 창업주 스티브 잡스가 인문학을 통한 제품 개발을 강조한 이후, 대기업의 직원 채용 면접에서 인문학에 관련한 질문이 유행하기도 했습니다.

인문학은 하나로 정의하기 곤란하지만, 정치 · 경제 · 역사 · 학예 등 인간과 인류 문화에 관한 정신과학을 통틀어 이르는 말입니다. 인간과 인류 문화에 관심을 갖거나 인간의 가치와 인간만이 지닌 자기 표현 능력을 바르게 이해하기 위한 과학적인 연구 방법을 이릅니다.

비즈니스 하는 사람들에게 인문학적 소양이 필요한 이유는 많습니다. 비즈니스는 판단의 연속입니다. 한 번의 잘못된 판단으로 기업이 문을 닫을 수도 있습니다. 특히 현대 정보화시대에서는 과잉 정보에 휘둘리지 않기 위해 정보를 취사 선택하고, 분석 · 활용할 수 있는 능력을 갖춰야 합니다. 이를 위해서는 다른 사람들의 경험을 내 것으로 만들기 위한 간접경험이 중요합니다.

역사에서, 예술에서, 문학에서, 간접 경험을 쌓아 나가는 과정이 곧 인문학적인 소양을 갖춰 나가는 과정입니다. 해당 업의 기술적 능력은 물론이고 인문학적인 소양을 갖추지 못하면 물려받은 기업을 지켜내기 어렵습니다. 비즈니스는 결과적으로 판단의 영역이기 때문입니다. 어려움 앞에서 쉽게 포기하는 것도 인문학적 소양이 부족해서입니다. 남에게 쉽게 사기를 당하는 것도, 간접 경험을 쌓지 못한 인문학적 소양의 부재에서 오는 현상들입니다.

결과적으로

특히 지키는 자는 창업주로부터 물려받은 자산의 무게까지 감당해야 합니다. 창업주보다 더 혹독한 훈련의 시간을 갖지 않으면 지켜내기 어렵습니다. 제가 수성이 더 어렵다고 보는 이유입니다.

스마트스토어 비즈니스맨이 된다는 것

동종업계 인맥의 중요성

사업 하는 사람들에게는 동종업계의 인맥이 중요합니다. 같은 업계에서 종사하는 사람들 사이에는 경쟁자이면서도 동반자 관계가 형성되는 경우가 많습니다.

사업을 포기하려고 하다가도 동종업계의 성공 사례를 접함으로써 계속해 나갈 수 있는 동력을 얻고, 내가 몰랐던 정보를 취득하여 비즈니스에 접목해 보는 것도 동종업계 인맥에서 나옵니다. 그래서 거의 모든 업에는 동종업계의 협력체인 협회가 구성되어 있습니다.

비즈니스의 생태계를 들여다보면 대부분의 경우 업계, 협회, 학계, 정책 당국 등 네 가지의 행위 주체들이 상호 보완, 경쟁, 규제하면서 발전해 나갑니다.

시대가 변화해 가면서 소비자의 새로운 요구가 발생하고, 그 요구에 부응하여 비즈니스를 전개하는 사업체들이 나오게 됩니다. 새로운

업이 형성되면, 이를 국가의 규범에 맞게 법적 제도 장치를 정비해 나가는 정책 당국의 개입이 발생합니다.

정책 당국의 개입이 발생한다는 것은, 그 비즈니스가 이미 국민의 생활 전반에 파급되었다는 것을 의미하며, 제도권으로 진입했음을 뜻합니다. 비즈니스 환경이 변하면서 이를 학술적으로 뒷받침할 대학의 관련 학과가 개설되어, 장기적인 발전 방향을 연구하고 전문 인력을 배출하여 발전을 가속화시키는 구조로 진행됩니다.

새로운 산업이 자리를 잡으면, 새로운 법을 제정하거나 기존 법의 보완이 필요하게 되어, 국회에서 관련 입법을 추진하게 됩니다. 이때 반드시 공청회를 개최하여 이해 당사자들의 의견을 청취하도록 규정되어 있습니다. 공청회에는 업계를 대표하여 협회, 학계, 소비자 및 시민 단체, 정책 당국 관계자들이 나와 각 주체들의 의견을 적극적으로 반영하기 위해 노력합니다.

법은 일단 제정되고 나면 재개정을 추진하기가 쉽지 않기 때문에 입법 단계에서 자신들의 요구 사항이 관철되도록 국회의원을 상대로 치열한 로비 활동 및 압박 행위들이 일어나곤 합니다.

우리가 하고 있는 쇼핑몰 산업도 사실 역사가 길지 않습니다. 우리나라에 인터넷이 일반화되고 전자상거래 회사들이 하나둘 생기기 시작한 것은 1990년대이며, 인터넷 보급이 확대되면서 2000년대에 들어 폭발적 성장세를 보이기 시작합니다.

이에 따라 이전에는 없던 〈전자상거래 소비자보호법〉이 2002년에 제정되고, 수차례 개정을 거쳐 쇼핑몰 산업과 관련한 규제를 행해 오고 있습니다. 업계의 성장에 발맞춰 대학에 전자상거래 관련 학과들이 생겨나면서 산업의 발전을 견인해 오고 있습니다. 모든 산업의 발생과 발전은 이 같은 과정을 거치며 진행됩니다.

새로운 산업의 제도화 과정에서 동종업계의 협회가 없다면, 산업계의 이해를 통일시켜 정책 당국에 자신들의 이해를 대변할 장치가 마땅치 않을 것입니다. 때문에 산업계에서는 자신들의 이해관계를 대변해 줄 협회를 구성하여, 입법 과정에서 업계가 소외되지 않도록 많은 노력을 전개합니다. 이것이 협회의 가장 중요한 미션입니다.

게다가 산업과 관련한 모든 정보는 협회로 모입니다. 회원사의 근황부터 시작해 학계 및 정책 당국의 정보에 이르기까지, 산업 전반에 대한 정보가 모이고 유통되는 통로 기능을 합니다. 때문에 비즈니스 하는 사람들은 동종업계 협회에서 나오는 정보를 눈여겨보고 자신의 업에 활용해야 합니다.

거창하게 전체 산업계를 예로 들었지만, 굳이 협회가 아니더라도 쇼핑몰 운영자들의 소규모 친목모임 등도 내가 사업을 지속해 나가기 위한 훌륭한 단체입니다.

동종업계 종사자들이 모이면 자연스럽게 업계의 정보를 공유하게 됩니다. 내가 몰랐던 산업계의 새로운 규제 및 기술적 노하우 등을 접할 수 있는 기회를 얻는 것이지요. 따라서 비즈니스를 하는 사람들은 동종업계 종사자들과의 친목을 강화하고 인맥을 쌓기 위한 노력을 게

을리 해서는 안 됩니다.

사업이 커 나갈수록 만나는 사람이 많아집니다. 업계 종사자들은 물론이고 정책 당국의 공무원, 관련 대학의 교수, 전문 언론의 기자 등으로 폭이 넓어집니다. 사람 만나는 것을 좋아해서가 아닙니다. 이는 사업에 충실함으로 인해 생겨나는 자연스러운 현상입니다.

자신의 노하우를 보호하기 위해 경쟁자들과 만나지 않는다는 사람이 있습니다. 이는 아주 편협한 생각입니다. 자신이 갖고 있는 어느 정도의 노하우를 공유하면, 다른 사람들도 자신의 노하우를 공유하여 함께 발전해 나갈 가능성이 훨씬 커집니다. 모든 인간관계는 기브 앤 테이크입니다. 내가 갖고 있는 것을 나누어 주어야 상대방에게서 더 많은 것을 얻을 수 있습니다.

스마트스토어 운영자들의 커뮤니티 카페를 방문해 보면, 적극적으로 자신의 지식을 공유하고 초보자들을 이끌어주는 사람들을 보게 됩니다. 좁게 생각하면 자신의 노하우를 빼앗기는 것 같지만, 길게 보면 그런 사람들이 훨씬 빠르고 크게 성장할 가능성이 높습니다. 자신의 지식을 다른 사람에게 알려줌으로써 오히려 생각이 정리되고 부족한 부분을 파악하게 되어, 더욱 깊이 있는 지식을 쌓는 부수적인 효과도 발생합니다.

독불장군(獨不將軍)은 없습니다. 독불장군이란, 혼자서는 장군이 될 수 없다는 뜻입니다. 즉, 혼자의 힘만으로는 되는 일이 없으니, 모든 일은 다른 사람과 협조하고 타협해서 처리해야 함을 일깨우는 말입니다.

지금 바로 주위를 돌아보십시오. 쇼핑몰을 운영하면서 단톡방에서 정보를 교류하거나 카페에서 함께 활동하고 있는 모든 분들이 당신과 함께 이 업을 지속해 나갈 동반자들입니다.

문제 해결의 단계

　사업을 하다 보면, 함께 일하는 사람들의 성향이 극명하게 구별되는 지점이 있습니다. 어떤 문제가 발생했을 때 그 문제를 해결해 나가는 방식에서 오는 차이입니다. 이는 조직 내에서든 거래 관계에 있는 사람이든 마찬가지입니다. 흥분하고 시끄러운 사람과 침착하고 조용하게 문제의 본질에 접근하는 사람으로 나뉩니다.

　세상사에는 단 하루도 문제가 발생하지 않는 날이 없습니다. 사업하는 사람에게는, 문제가 발생하지 않는다는 건 오히려 그 일이 역동적이지 못하다는 반증일 수도 있습니다. 때문에 훌륭한 사업가란, 문제가 없는 사업체를 운영하는 사람이 아니라, 문제가 발생했을 때 현명하게 대처하는 능력을 갖춘 사람입니다.

　예기치 못한 문제가 발생하면 대부분의 사람들은 당황하고 흥분합니다. 일의 자초지종을 따지기 전에 먼저 자신의 감정을 통제하지 못

스마트스토어 비즈니스맨이 된다는 것

한 상태에서 정제되지 않은 말을 쏟아내거나 즉각적인 대응을 하게 됩니다. 이렇게 되면 또 다른 문제가 발생할 가능성이 높아집니다. 적절하지 못한 대응으로 오히려 문제의 해결을 어렵게 만들고, 새로운 문제를 야기할 가능성이 커집니다.

부부싸움을 예로 들어봅시다. 자녀 문제로 이야기를 나누다 감정이 격해져서 "당신 닮아서 그렇지!"라는 한마디에 "그러는 당신은 뭐가 잘났는데?"라고 상대가 응수하면, 이미 자녀 문제는 잊어버리고 살아오면서 쌓였던 불만들이 쏟아져 나옵니다. 이미 그날 상의하려던 문제의 본질은 오간데 없고 새로운 문제만 발생하게 되는 것입니다.

사업을 하다 보면 직원 간의 문제, 거래처와의 문제, 고객 클레임에 이르기까지, 단 하루도 문제 없는 날이 없습니다.

문제가 발생했을 때는 대응을 멈추고, 문제의 내용을 정확히 파악하는 것이 먼저입니다. 그리고 자신의 해결 영역을 벗어난 문제는 즉각적으로 상급자에게 보고해야 합니다. 조직에서는 직급이 높아질수록 문제의 해결을 위한 자원이 더 많은 법입니다. 하급자가 무리하게 혼자 해결하려고 하다 보면, 해결은커녕 문제를 더욱 크게 만들 수도 있습니다.

비즈니스 관계에서 발생하는 대부분의 문제는, 결과적으로 금전적인 손실을 야기합니다. 문제가 발생한 상황을 정확히 파악해 보면 책임의 소재가 명확하게 갈리는 지점이 있으며, 책임이 있는 측이 손실을 감수하는 것이 맞습니다.

그러나 때로는 책임 소재의 경계가 불분명하거나 애매한 경우도 있습니다. 이럴 때는 그 조직의 대표자가 여러 가지 상황을 고려하여 손실을 감수하면서 문제를 해결하든지, 아니면 다른 절차로 이관시키든지 결정해야 합니다.

실무자가 혼자서 해결하려고 상급자에게 보고하지 않으면, 더 큰 틀에서의 이익을 위해 손실을 감수하면서까지 문제를 해결하려고 하는 대표자의 판단 기회를 빼앗는 결과가 됩니다. 이럴 경우 호미로 막을 일을 가래로도 못 막는 상황이 생길 수 있습니다. 따라서 문제가 발생하면 상황 파악과 함께 상급자에게 보고하는 것이 해결의 첫 번째 관문입니다. 그리고 문제의 해결에 주력해야 합니다.

문제의 유형에 따라 달라지겠지만, 대부분의 경우 첫 번째 단추를 잘 끼워야 합니다. 클레임을 제기하며 흥분해 있는 고객의 감정을 건드려, 불난 집에 기름을 끼얹는 일이 생겨서는 안 됩니다. 문제 해결의 최일선에 있는 담당자가 흥분하여 대응하면 그 문제는 해결되기 어렵습니다. 정확하게 문제에만 집중해서 풀어 나가야 합니다.

문제가 해결되고 나면, 이 문제가 재발하지 않도록 시스템을 손봐야 합니다. 같은 문제가 반복적으로 일어나도록 방치한다면, 이번 문제 해결에서 얻은 것이 아무것도 없게 됩니다.

재발 방지 대책을 수립한 후, 마지막으로 조직 내에서의 책임자를 찾아내고 추궁해야 합니다. 책임의 강도에 따라 징계를 하든, 아니면 해결 과정에서의 공을 높이 평가하여 포상을 하든, 조직 내에서의 상벌

스마트스토어 비즈니스맨이 된다는 것

절차를 마무리해야 합니다.

위의 일반적인 문제 해결 절차 중 가장 중요한 사항이 있습니다. 바로 순서가 뒤바뀌어서는 안 된다는 점입니다.

1단계 상황 파악 및 보고

2단계 대응 및 해결

3단계 재발 방지 대책 수립 및 책임자 추궁

간단히 요약한 이 세 가지의 단계별 카테고리 내에서는 순서가 약간 바뀌어도 새로운 문제의 발생을 야기하지는 않습니다. 그러나 단계를 바꾸면 문제 해결 자체가 어려워질 수 있습니다.

발생한 문제에 대해 책임자 추궁부터 하게 되면, 그 담당자는 자신의 책임을 모면하기 위해 문제의 상황을 왜곡해서 보고하게 됩니다. 문제 해결도 안 되었는데 재발 방지 대책을 수립하고 있으면, 조직 전체의 역량을 문제 해결에 집중할 수 없게 됩니다. 때문에 가정 내에서의 문제, 친구 사이에서 벌어지는 문제, 사업체에서의 문제를 불문하고, 문제 해결의 절차를 반드시 지켜야 합니다.

또한 어떠한 상황이든 문제가 발생했을 때, 비즈니스를 하는 사람이 갖춰야 하는 중요한 덕목이 있습니다. 바로 가급적 문제 발생의 원인을 나에게서 찾는 자세입니다.

사실 일을 하는 과정에서 발생하는 문제는, 누군가가 의도적으로 계획하지 않은 이상, 비즈니스 구조의 설계가 미비하거나 잘못된 경우가 많습니다. 특히 책임 소재의 경계가 불분명하거나 애매한 문제의 경

우,

고 생각해야 합니다.

문제 발생의 책임을 남에게서 찾으려고 하는 사람들은, 말이 많고 시끄러워지는 경향이 있습니다. 핑계를 대고 일의 책임을 다른 사람에게 떠넘겨야 하기 때문입니다. 순간은 넘어갈 수 있지만, 같은 문제가 발생하는 것은 시간 문제입니다.

반면 문제의 원인을 나에게서 찾으려는 사람은 이미 발생한 문제의 해결에 집중하고, 문제가 해결되고 나면 다시는 그런 일이 발생하지 않도록 끊임없이 시스템을 개선시키고자 노력합니다. 그래서 문제가 발생했을 때 일을 못하는 사람은 시끄럽고, 일을 잘하는 사람은 조용히 해결하는 것입니다.

크든 작든 사업을 하는 우리에게는 오늘도 문제가 기다리고 있습니다. 문제 해결의 단계에 맞게 침착하고 조용히 처리합시다.

스마트스토어 비즈니스맨이 된다는 것

승리의 전제

비즈니스 세계에서는 '전략(戰略)'이란 단어를 많이 사용합니다. 경영 전략, 영업 전략 등 대단위(大單位) 부서의 업무 방침을 수립할 때 자주 등장하는 단어입니다. 전략은 본래 군사적인 개념이지만, 국가의 생존과 패망이 결정되는 전쟁이라는 극단적인 상황에 비즈니스를 결부시켜 사업의 지속 가능성을 모색하는 것입니다.

전략은 전술(戰術)과 전투(戰鬪)에 의해 구체화되고 실현됩니다. 시대나 상황에 따라 정의가 다를 수 있지만, 우리나라 육군의 예를 들면, 일반적으로 전략은 4성 장군(대장)이 지휘하는 군사령부급, 3성 장군(중장)이 지휘하는 군단급 단위의 작전 개념입니다.

이 전략은 전술에 의해 세분화되며, 전술적 개념을 실현하는 부대는 2성장군(소장)이 지휘하는 사단급, 대령이 지휘하는 연대급, 중령이 지휘하는 대대급입니다. 대대급 부대 이상에 작전참모가 배치되는 것

스마트스토어 성공의 조건 구미호 100일 작전

은, 대대급 이상이 전술부대이기 때문입니다.

전술은 궁극적으로 전투에 의해 그 목표가 달성될 수 있으며, 전투 개념의 작전을 실행하는 부대는 대위가 지휘하는 중대급, 중위나 소위가 지휘하는 소대급, 하사나 병장이 지휘하는 분대급이 있습니다. 그리고 각 개인 병사가 실행하는 각개전투에 의해 전투는 완성됩니다.

따라서 '사단전술훈련', '중대전투'라는 개념은 성립되지만 '사단전략'' 또는 '중대전술'이라는 개념은 성립되지 않습니다.

전략은 국가의 생존을 위해 전쟁을 전반적으로 이끄는 책략 개념이며, 전술은 부대나 개인을 가장 효율적으로 배치 운용하는 방법과 기술입니다. 이에 비해 전투는 직접적으로 적과 싸우는 행동 개념의 기술입니다. 쉽게 말하자면, 적과의 전쟁에서 '동부전선에 아군의 자산 중 40%를, 서부전선에 30%를 투입하고, 30%는 변화에 대응하기 위해 예비사단으로 운용한다'는 개념이 전략적 개념입니다.

전술적 개념은 '1대대는 적을 유인하고, 그 틈을 타서 2대대는 동쪽에서, 3대대는 서쪽으로 돌아 적을 독 안에 든 쥐로 만들어 유리한 조건에서 적을 궤멸시킨다'는 작전 개념입니다.

이에 비해 전투는 직접 적과 부딪혀 상급부대의 전술 방침을 실제 실현하는 개념입니다. '1중대와 2중대 퇴각, 3중대 현 위치 사수'라는 명령이 하달되면, 3중대는 그 자리에서 죽으라는 명령입니다. 1중대와 2중대가 퇴각하는 시간을 벌기 위해 3중대를 희생시키기로 한 명령이 하달되면, 3중대는 최후의 일각까지 시간을 벌며 1중대와 2중대의 퇴각을 돕는 것이죠. 1분이라도 더 버티는 것이 전투 중대장인 3중대장의 미션입니다.

이를 회사에 비유해 봅시다. 사장이나 임원이 전략 개념의 경영 목표를 제시하면, 부서장들은 전술 개념의 업무 추진 방향을 설정하고 성과 목표를 관리합니다. 부서원들은 사장의 경영 목표와 간부들의 성과 목표를 달성하기 위해, 업무 실천 계획을 세워 실제 업무에 돌입하게 됩니다. 실천 계획이 곧 전투의 개념입니다.

그런데 회사원들이나 사업 하는 사람들에게 업무 계획이나 사업 계획을 작성하라고 하면, 영업 전략이니 광고 전략이니 하는 거창한 표현이 등장합니다. 물론 어휘란 상대적 개념으로 쓸 수 있는 것이니 거창함을 탓할 필요는 없습니다. 다만 문제가 되는 것은, 전략 · 전술적 개념의 미사여구만 나열해 놓고 중요한 전투 개념, 즉 실천 계획이 빠져 있거나 허술한 경우가 많다는 점입니다. 아무리 거창한 구호도 실천 계획이 치밀하지 않으면 성공할 수 없습니다.

과거 농촌 부흥이라는 목표의 '새마을운동'을 예로 들어봅시다. 정부부처별로 새마을운동이라는 전략이 수립되면, 도지사는 '올해는 양곡 증산을 위해 쥐의 숫자를 몇 퍼센트 줄인다'는 전술 방침을 정하고, 시장 · 군수는 쥐를 잡기 위해 쥐약과 쥐덫을 배분하는 등 각 마을별로 쥐를 잡는 방법을 고안해 실천했습니다.

우리가 하는 쇼핑몰도 전쟁 개념과 다를 것이 없습니다. 굳이 다른 것이 있다면, 혼자서 전략과 전술 수립, 전투 계획 작성 및 실천을

스마트스토어 성공의 조건 구미호 100일 작전

동시에 해내야 한다는 것입니다. 월 매출 2천만 원이라는 경영 목표를 수립하고, 상시적으로 1천 개의 위탁 상품을 운용하고, 광고를 어떻게 시행하겠다는 전술 방침을 정합니다. 이런 방침이 정해지면 실제로 상품 1천 개를 등록해야 합니다.

여기서 중요한 포인트가 있습니다. 는 겁니다. 기한이 정해져 있지 않은 실천 계획은 계획이 없는 것과 마찬가지입니다.

'위탁 상품 1천 개를 확보하기 위해 하루에 5개씩 200일을 어떤 방법으로 실천하겠다'는 구체적인 실천 계획이 수립되어야 합니다. 내가 현재 하고 있는 일에 비추어 시간은 얼마나 할애할 수 있는지, 위탁 도매처는 어떤 회사의 비중을 몇 퍼센트로 할 것인지, 상세페이지 제작 능력을 배가시키기 위해 어떤 교육 프로그램을 이수할 것인지 등 구체적인 실천 계획을 세워야 합니다.

그리고 궁극적으로는 그 실천 계획을 지켜야 합니다. 아무리 상급 부대의 전술이 잘 짜여 있어도 현 위치 사수라는 명령을 어기고 3중대장이 도망을 쳐버리면, 전체 전술은 어긋나고 패배할 수밖에 없습니다.

훌륭한 전술은 전쟁을 승리로 이끕니다. 그러나 그

당신은 오늘 계획된 전투를 치렀습니까? 혹시 전장을 이탈하지는 않으셨습니까?

22

이기고 싸운다

우리나라 역사상 백성들에게 가장 처참한 피해를 끼친 전쟁은 단연 1592년에 일어난 임진왜란입니다. 한편 우리나라 역사상 가장 빛나는 영웅을 탄생시킨 전쟁 또한 임진왜란입니다.

당시 일본군은 보병의 몸을 가볍게 하여 신속히 한양으로 진격, 왕을 사로잡아 조선과의 전쟁을 종결하고 명(明)나라로 진격한다는 계획을 세웠습니다. 고니시 유키나가(小西行長)가 이끄는 제1군은 한양을 거쳐 평안도 방면으로, 가토 기요마사(加藤淸正)가 이끄는 제2군은 함경도 방면으로 진격하여 전황을 평정하고, 그 사이에 수군은 서해를 돌아 한강과 대동강에서 보급한다는 작전 구상입니다.

전쟁 초기에 이 구상은 차질 없이 진행되었습니다. 개전 20일 만에 제1군은 한양을 접수하고, 나아가 평양까지 진격합니다. 제2군은 함경도까지 진격하여 조선의 대부분이 일본군의 수중에 떨어졌습니다.

스마트스토어 성공의 조건 구미호 100일 작전

그런데 뜻하지 않은 복병을 만나게 되니, 바로 이순신 장군입니다. 일본군 입장에서는 의주로 몽진을 떠난 선조를 잡아 항복을 받아야 하는데, 아무리 기다려도 보급선이 도착하지 않는 겁니다. 이순신 장군이 남해를 돌아 서해로 나아가고자 하는 일본군의 작전을 무력화시킨 탓입니다.

이에 따라 전쟁을 초기에 종결하고자 한 일본군의 전략은 좌절되고, 기나긴 7년간의 지구전으로 치닫습니다.

임진왜란과 이순신 장군에 대해 이해하기 위해서는 4개의 섬과 4개의 해협을 알아야 합니다. 거제도와 통영 사이의 견내량해협, 거제도와 칠천도 사이의 칠천량해협, 진도와 해남 우수영 사이의 명량해협 그리고 남해도와 하동 사이의 노량해협이 그것입니다.

이순신 장군은 부산에서 출발한 왜군을 통영과 거제도 사이의 견내량해협으로 유인하여, 한산도 앞바다에서 학익진으로 일본군에게 대승을 거두니, 이것이 곧 한산도대첩입니다.

이순신 함대는 좁은 견내량해협을 통과하여 한산도 앞바다에서 갑자기 함선들이 좌측과 우측으로 번갈아 회전하며 순식간에 학의 날개 모양의 진을 펼쳐, 빠른 속도로 추격해 오던 일본 함대를 독 안에 든 쥐로 만들어 섬멸합니다. 이로써 서해로 진출하여 보급한다는 일본군의 전략은 완전히 좌절됩니다.

일본군은 이순신 장군이 존재하는 한 이 전쟁에서 승리할 수 없다는 것을 깨닫고, 장군을 제거하기 위한 모략을 펼칩니다. 모월 모일 모시 가토 기요마사가 가덕도로 상륙할 것이라는 역정보를 조정에 넘기고, 조정은 여기에 걸려들어 장군에게 출전을 명합니다.

그러나 이순신 장군은 이것이 일본군의 계략임을 알고 출전을 미룹니다. 평소부터 이순신을 시기하던 선조는 장군을 파직하고 삼도수군통제사에 원균을 임명합니다.

원균의 무리한 출병으로 칠천량해전에서 조선 수군은 궤멸적 패배를 당하고 원균도 전사합니다. 이미 패색이 짙어지자 조선 수장 배설은 함선 12척과 함께 전장을 탈출합니다. 이날의 도주가 결과적으로 조선을 살리게 되니, 역사의 아이러니가 아닐 수 없습니다.

원균이 패배하자 다급해진 조정은 고문으로 만신창이가 된 이순신을 다시 삼도수군통제사로 임명합니다. 이때 장군에게 남은 함선은 칠천량에서 도망친 배설의 함선 12척뿐이었습니다.

이순신 장군은 배설의 함대와 남해안에 남은 배를 모아 13척으로 전열을 정비하고 울돌목, 즉 명량해협에서 130척이 넘는 일본군 함대를 맞이합니다. 세계 해전사에서 유례를 찾을 수 없는 전력 차이를 극복하고 대승을 거두니, 그것이 곧 명량해전입니다.

이로써 일본군의 전의는 완전히 무너지고, 도요토미 히데요시(豊臣秀吉)의 사망과 함께 조선에서의 철수를 결정한 일본군은 안전한 퇴각을 보장받기 원합니다. 명나라 지원군과 조정에서는 일본군의 퇴로를 열어주기 바라지만, 장군에게는 어림없는 소리입니다.

"단 한 놈의 왜군도 살려서 돌려보내지 마라!"

결국 이순신 장군은 하동과 남해도 사이의 노량해전에서 일본군과 싸우다 장렬한 최후를 맞이합니다.

23전 23승. 승률 100%.

임진왜란 당시 이순신 장군이 거둔 전과입니다. 인류 역사상 기라성 같은 명장과 전략가들이 두각을 드러냈지만, 장군이 이룬 성과는 전무후무한 기록입니다. 더군다나 병력 확보, 군량미 조달 및 무기 제조에 이르기까지, 이순신 장군 개인의 리더십으로 일궈낸 성과입니다. 국가의 전폭적인 지원이 있어도 어려운 일을 장군은 포기하지 않고 해냅니다.

만일 우리 역사에 이순신 장군이 없었다면 지금 우리는 내지인(內地人) 일본 본토인에 비해 반도인(半島人)이라는 이름으로 불리며 차별받는 이류 일본인으로 비굴하게 살아가고 있을지도 모를 일입니다.

어명까지 거역하며 장군이 추구했던 것은 무엇이었을까요?

선승후전(先勝後戰), 먼저 이기고 싸운다는 뜻입니다.

전쟁은 한 개인의 생명뿐 아니라 국가의 존망을 다투는 문제입니다. 승패도 모르는 싸움을 하기에는 위험 부담이 너무 큽니다. 완벽한 승리가 보장되지 않으면 조건이 갖춰질 때까지 싸움에 임하지 않는다는 개념입니다.

바로 『손자병법』에 나오는 말입니다.

승병선승 이후구전 패병선전 이후구승
勝兵先勝 而後求戰 敗兵先戰 而後求勝

이기는 군대는 먼저 이긴 후 전쟁에 임하고,
지는 군대는 먼저 싸우고 승리를 구한다.

이순신 장군은 『손자병법』에 나오는 승리의 법칙을 완벽하게 실현했던 장군이었습니다.

후세에 이순신 장군의 리더십과 전략을 연구하고 배우려는 수많은 시도가 있습니다. 한국과 일본의 해군사관학교는 물론이고, 많은 저술가들에 의해 '이순신 경영', '이순신 리더십' 등의 제목을 단 책들도 출간되고 있습니다. 장군의 삶과 철학, 리더십이 시대를 뛰어넘어 오늘날을 살아가는 우리에게도 삶의 등불이 되어주기 때문입니다.

사업을 전쟁에 비유하곤 합니다. 한 번의 패배로 국가가 망할 수도 있는 전쟁과, 매순간 위기의 순간을 넘겨야 살아남는 비즈니스의 냉혹한 현실을 대비시켜 생존 능력을 키우기 위한 개념입니다.

실제로 한 번의 잘못된 투자로 사업 자체가 망한 예는 수도 없이 많습니다. 스마트스토어 사업가들 중에서도 단 한 번의 무리한 사업 및 OEM 제조로 무너진 사례는 어렵지 않게 찾아볼 수 있습니다.

때문에 대규모 자금이 투입되는 투자는 전쟁과 마찬가지입니다. 그 자금을 회수하지 못하면 사업 자체가 문을 닫아야 할 상황이 생길 수도 있습니다. 대규모 전투에서 패배하면 나라 자체가 망하는 것과 같은 이치입니다.

따라서 이순신 장군이 목숨을 걸고 어명까지 어겨 가며 지키고자 했던 '선승후전(先勝後戰)'의 가치는 비즈니스에 임하는 사업가들에게 시사하는 바가 남다릅니다.

전쟁이든 투자든, 먼저 싸우고 나중에 승리를 구하기에는 리스크가 너무 크기 때문입니다.

23

운 좋은 사람이 되는 법

"운(運)이 좋았을 뿐입니다."

성공한 사람들이 흔히 성과에 대해 겸손하게 하는 말입니다. 물론 '운칠기삼(運七技三)'이라는 말도 있습니다. 사람에게 일어나는 일의 성패를 결정하는 데는, '운이 7할이고 기술이나 노력이 3할'이라는 뜻입니다. 그래서 '운이 따라주지 않으면 일을 이루기 어렵다'는 자조 섞인 용도로 사용하기도 합니다.

중국 설화에 운칠기삼과 관련된 이야기가 있습니다.

나이가 들도록 과거에 급제하지 못한 선비가 있었습니다. 자신보다 한 수 아래인 듯한 사람들은 잘도 붙는데, 어찌하여 자신은 꿈을 이룰 수 없냐며 선비는 옥황상제에게 그 이유를 따져 물었습니다. 옥황상제는 정의의 신과 운명의 신에게 술내기를 시키고, 만약 정의의 신이 술을 많이 마시면 선비가 옳은 것이고, 운명의 신이 많이 마시면 세상사가 그런 것이니 선비가 체념해야 한다는 다짐을 받았습니다.

내기 결과, 정의의 신은 석 잔밖에 마시지 못하고, 운명의 신은 일곱 잔이나 마셨습니다. 옥황상제는 세상사는 정의에 따라 행해지는 것이 아니라 운명의 장난에 따라 행해지되, 3할의 이치도 행해지는 법이니 운수만이 모든 것을 지배하는 것은 아니라는 말로 선비를 꾸짖고 돌려보냈다고 합니다.

일을 하다 보면, 아무리 노력을 기울여도 성과가 나오지 않을 때가 있고, 작은 노력이었을 뿐임에도 불구하고 큰 성과를 얻게 되는 경우도 있습니다. 이런 경험을 하게 되면, 확실히 세상사에는 운칠기삼이 작용한다는 것을 부인하기 어렵습니다.

운이 좋아서 성공했다고 하는 사람들과의 대화 속에서 찾을 수 있는 공통점이 있습니다. 자신이 특별한 액션을 취했다기보다는 하던 일을 하면서 기다렸더니 좋은 결과가 나왔다는 것입니다. 부동산이나 주식투자에서 성공한 사람들의 경험담에서도 이 같은 현상을 발견할 수 있습니다.

또 시간이 흘러 수익을 비교해 보면, 많은 정보를 얻어 가며 이쪽저쪽 옮겨 다닌 사람들보다, 한곳에서 오랫동안 버틴 사람의 수익률이 훨씬 높은 경우가 허다합니다. 그래서 저는, 고 생각합니다.

여기에서 '기다린다'는 것은 모든 일에서 손을 놓고 기다린다는 뜻이 아닙니다. 내가 지금 하고 있는 일을 성실히 하면서 시운을 기다려야 하고, 매순간 판단의 시점이 왔을 때 최대한 합리적인 선택을 하면서 기다려야 합니다.

어떤 사안에 대해 A와 B라는 선택지가 있습니다. 한 사람은 A를 선택하고 또 한 사람은 B를 선택했습니다. 시간이 경과하고 보니, A를 선택한 사람은 성과를 내고 B를 선택한 사람은 실패했습니다. A를 선택한 사람은 운이 좋아서 성공했고, B를 선택한 사람은 운이 나빠서 실패했다고 말합니다.

성공한 사람은 두 가지의 조합이 맞아 떨어져 운이 좋은 사람이 됐습니다. 하나는 A를 선택한 것이고, 또 하나는 시간이 지날 때까지 기다린 것입니다. 결과적으로 보자면, 좋은 운도 자신의 선택과 기다림 덕에 만들어진 것입니다.

사실 일을 하다 보면 합리적인 선택을 하기도 어렵고, 때가 올 때까지 기다리는 것도 말처럼 쉽지 않습니다. 이때 합리적인 선택을 하도록 혜안을 만들어주고, 때가 올 때까지 기다릴 줄 아는 우직함을 만들어주는 것이 저는 인문학이라고 생각합니다.

고전을 통해 역사적인 사실에서 성공하는 사람과 실패하는 사람의 유형을 비교해 보며, 자신의 판단에 적용할 간접 경험을 쌓을 수도 있습니다. 문학 작품을 통해 수많은 인간 군상들의 사고 및 행동 양태를 접해 보며, 사기 당하지 않을 안목을 기를 수도 있습니다. 예술을 접하면서 자연과 인간의 상관관계 및 우주의 순환 섭리를 이해하며, 새로운 사이클에 도달할 때까지 기다리는 법을 배울 수도 있습니다. 이 모든 것들이 인문학의 영역입니다.

인문학은 내가 직접 체험하지 않고도 선대 인류가 쌓아 놓은 빛나는 업적을 내 것으로 만들 수 있는 기회의 세계입니다. 그러나 대학에서 인문학은 비인기 학과가 되어버렸고, 서점에서도 재테크 기술이나 경영 관련 서적들이 인기라고 합니다.

우리가

나무는 그 일에 대한 기술적인 내용입니다. 숲은 그 일을 둘러싼 환경 및 발전 방향에 대한 안목입니다.

재테크 및 기술 서적으로만 공부하면 나무는 볼 수 있지만, 인문학적인 소양이 부족하면 숲을 보기는 어렵습니다. 더군다나 비즈니스는 장기적인 시간 계획을 갖고 움직여야 하며, 매순간 판단을 요구받는 영역입니다. 숲을 보는 지혜를 갖지 못하면 지속 가능한 비즈니스를 만들어낼 수 없습니다.

'요행(僥倖)'이라는 말이 있습니다. 뜻밖에 얻는 행운이란 뜻입니다. 흔히 운과 요행을 구별하지 않고 사용하기도 합니다. 그러나 그 두 단어는 사람이 주체적으로 만들어낼 수 있는지의 여부로 의미가 명확히 갈립니다.

요행이든 운이든 좋은 일이 나에게 오기를 바랍니다. 다만 요행은 반복적으로 일어나지 않습니다. 그러므로 요행을 바라면서 일을 하면 패가망신하기 쉽습니다.

이에 비해 운 좋은 사람이 될 수는 있습니다. 합리적인 판단을 할 수 있도록 간접 경험을 쌓고, 시운이 도래할 때까지 묵묵히 하던 일을 계속하는 인내심을 배운다면, 스스로를 반드시 운 좋은 사람으로 만들 수 있습니다.

운이 좋은 사람, 운칠기삼으로 성공한 사람이 되기 위해 지금 바로 고전을 읽어 선조들의 지혜를 얻고, 문학 작품 속에서 인간의 속성을 파악해야 합니다. 인문학은 돈이 안 되는 학문이라고들 합니다. 천만의 말씀입니다. 인문학 책을 곁에 둔 순간, 당신은 운 좋은 사람으로 거듭 태어날 겁니다.

스마트스토어 성공의 조건 구미호 100일 작전

전문가의 영역

전문가(專門家)를 개념적으로 규정하는 방법은 다양하지만, 국어 사전에서는 '어떤 분야를 연구하거나 그 일에 종사하여 그 분야에 상당한 지식과 경험을 가진 사람'이라고 규정하고 있습니다. 영어로 표기하면 스페셜리스트(Specialist) 또는 프로페셔널(Professional) 등으로 표기할 수 있습니다. 어떤 일을 전문적으로 하거나, 그런 지식이나 기술을 가진 사람 또는 직업 선수 등이 여기에 포함됩니다.

우리는 일반적으로 교수 집단을 전문가라고 인정하곤 하지만, 꼭 교수 집단에 한정할 필요는 없습니다. 가치 지향이나 지식의 특정한 목표가 문제에 집중되어 있고, 특정 활동에 대한 기술적인 전문성과 기법이 고도로 발달되고 세련되어 있는 사업가도 전문가의 범주에 포함됩니다.

언어는 상대적으로 사용할 수 있는 것이기 때문에 어떤 능력을 갖

스마트스토어 비즈니스맨이 된다는 것

춘 사람까지가 전문가라고 굳이 논쟁할 이유는 없습니다. 다만 자신의 업에 대한 전문적인 이론과 기술을 습득하기 위해 노력하며, 전문가를 지향하는 자세는 사업 하는 사람들에게 꼭 필요합니다.

흔히 쇼핑몰을 운영하는 사람들은 컴퓨터에 대해 전문적이어야 할 것이라고 짐작합니다. 물론 컴퓨터 활용 능력이 뛰어나면 좋겠지만, 쇼핑몰은 상품을 다루는 분야입니다. 컴퓨터를 활용하는 것은 상품을 취급하기 위한 수단일 뿐, 핵심은 상품 또는 상품 유통에 대한 전문가를 지향해야 합니다.

또한 쇼핑몰 운영자들은 상품을 보는 눈이 남달라야 합니다. 어떤 상품을 접하고 취급 여부를 판단할 시, 지금까지의 시각을 완전히 뛰어 넘어 그 상품의 모든 것에 대해 깊이 있게 알아내야 합니다. 상품의 브랜드에는 어떤 의미가 있는지, 주요 재료와 부재료의 원산지는 어디인지, 포장 단위는 어떻게 되고 택배 발송 시 몇 개까지 합 포장이 가능한지, 소비자 가격대는 어떻게 형성되어 있고 도매가는 얼마로 책정될 수 있을지, 제조회사는 어디에 있고 그 회사가 생산하는 연관 상품은 어떤 것들이 있는지 등 모두 것을 파악해야 합니다.

해당 상품이 동종 업계에서 차지하는 비중과 순위는 어떻게 되며, 경쟁 관계에 있는 상품은 몇 개나 되는지도 파악해야 합니다. 상품력과 가격 경쟁력을 비교해 봤을 때, 시장에서 경쟁력이 있는지를 따져 보아야 위탁으로 판매할지, 사입을 할지, OEM으로 제조할지를 결정할 수 있습니다.

이외에도 해당 상품의 현재 유통 경로 및 온라인 시장과 오프라인 시장의 가격 충돌 현상을 극복하기 위한 방안, 소비자의 반응 등 상품 하나만 가지고도 수십 가지의 조사 항목이 존재합니다.

그러나 상품에 대해 조사하고 경쟁력을 판단하느라 너무 많은 시간이 소요될까 지레 겁먹을 필요는 없습니다. 이 일을 오랫동안 하다 보면, 위의 모든 조사도 짧은 시간에 마무리할 수 있게 됩니다. 중요한 것은, 상품 보는 안목을 체계화시키고 반복적으로 훈련하여 습관으로 만들어야 한다는 점입니다.

상품을 오랫동안 취급해 온 사람들은, 식당에 가서 외식을 하더라도 습관적으로 좌석수를 세어보고 손님 수를 헤아려, 점심과 저녁 식사 손님을 추론하여 회전율을 계산해 봅니다. 건물 임차료와 직원 인건비 등을 따져보고, 요식업 평균 마진율을 계산하여 수익률을 점쳐봅니다. 물론 대충 해보는 계산이 얼마나 정확하겠습니까만, 사업가들은 이런 것들이 습관화되어 있는 사람들이 많습니다.

피그말리온 효과(Pygmalion effect) 또는 로젠탈 효과(Rosenthal effect)라는 이론이 있습니다.

그리스 신화에 등장하는 키프러스의 조각가 피그말리온은 아름다운 여인상을 조각하고, '갈라테이아(Galatea)'라고 이름 짓습니다. 세상의 어떤 여인보다도 더 아름다운 조각상인 갈라테이아를 피그말리온은 진심으로 사랑하게 됩니다. 미의 여신 아프로디테는 피그말리온의 사랑에 감동하여 갈라테이아에게 생명을 불어넣어 줍니다. 이 신화는 자기실현적 예언의 한 사례로 인용되면서 '피그말리온 효과'라는 이름의 유래가 되었습니다.

1964년 미국의 교육심리학자 로버트 로젠탈(Robert Rosenthal)은 샌프란시스코의 한 초등학교에서 교사와 학생을 대상으로 실험을 실시했습니다. 그는 담임 교사에게 "앞으로 수개월간 이 명부에 기재된 특정 학생들의 성적이 향상될 것"이라고 귀띔해 주었습니다. 그 후 담임은 명부에 있는 특정 아이들의 성적이 향상될 것이라는 기대를 품었고, 그 아이들의 성적은 향상되었습니다. 대상에 대한 기대가 크면 클수록 상대는 기대를 충족시키고자 노력하게 되고, 결과적으로 잘하게 되는 현상을 실험자의 이름을 따 '로젠탈 효과'라고 명명하게 됩니다.

크든 작든 사업을 하는 우리는 전문가를 지향하고 스스로를 전문가로 규정해야 합니다. 거래처 임직원을 만났을 때 굳이 먼저 초보자임을 밝힐 필요는 없습니다. 그저 자신이 준비한 내용을 최대한 정성 들여 전문가답게 설명하면 됩니다. 얼마의 시간이 지나면 반복적인 훈련과 함께 어느 순간 전문가가 되어 있을 겁니다. 자신에게 거는 '피그말리온 효과'입니다.

다만 잊지 말아야 할 중요한 포인트가 있는데, 바로 겸손입니다. 뇌 과학과 기술 분야의 전문 리포터인 라피 레츠터(Rafi Letzter)는 "전문가는 자신이 아는 게 그리 많지 않다고 말하고, 사기꾼들은 반대로 모든 것을 알거나 자신이 모든 것을 알고 있다고 착각한다"고 일갈하였습니다. 전문가를 지향하되 솔직해야 합니다. 그래야 더 많은 지식을 습득할 수 있고, 진짜 전문가가 될 수 있습니다.

피그말리온 효과와 반대되는 개념으로 스티그마 효과(Stigma effect)라는 것이 있습니다. '스티그마'는 빨갛게 달군 인두를 가축의 몸에 찍어 소유권을 표시하는 낙인을 가리킵니다. 다른 사람들에게 무시당하고 부정적인 낙인이 찍히면, 행태가 나쁜 쪽으로 변해 가는 현상을 말합니다.

사회심리학에서 일탈 행동을 설명하는 한 방법으로, 남들이 자신을 긍정적으로 생각해 주면 그 기대에 부응하려고 노력하지만, 부정적으로 평가해 낙인을 찍게 되면 부정적인 행태를 보이게 되는 경향성을 말합니다.

아직은 매출이 저조한 초보 스마트스토어 운영자라고 하더라도 자신을 사업가로 규정해야 합니다. 실제로도 우리는 자신의 이름 석 자로 사업자등록을 한 법률상 사업의 주체입니다. 겸손이 지나쳐 가는 곳마다 스스로를 '초보자' 또는 '비전문가'라고 소개하면, 두 가지의 함정에 빠질 수 있습니다.

첫 번째 함정은, 거래 상대방이 초보자와 거래하기를 꺼린다는 사실을 간과하고 있다는 점입니다. 상대방은 프로와 일하기를 원합니다. 사업은 누구를 가르치고 공부시키는 영역이 아닌, 성과를 내야 하는 영역이기 때문입니다. 나의 거래처를 스스로 축소시키지 말아야 합니다.

두 번째 함정은, 자기계발에 전혀 도움이 되지 않는다는 것입니다. 자신에게 지속적으로 초보자라고 낙인을 찍으면, 시간이 지나도 초보자를 벗어날 수 없습니다. 나에게 스티그마 효과를 주입시키지 말아야 합니다. 또한 쇼핑몰 운영 및 상품을 보는 실력이 남들보다 뒤처지더라도 '나는 초보자이니 괜찮다'는 심리적 안도감에 빠질 수 있습니다.

사업은 기본적으로 전문가의 영역입니다. 비전문가는 살아남기 힘든 것이 현실입니다. 그러나 처음부터 전문가는 없습니다. 수많은 시행착오와 노력 끝에 살아남는 자가 전문가 소리를 듣는 것입니다.

오늘부터라도 나 자신을 전문가로 규정하고, 그에 맞는 마음가짐과 행동을 해야 합니다. 물론 시간만 흐른다고 저절로 전문가가 되는 것은 아니라는 사실 또한 명심해야 합니다.

진정한 승부사

기업이나 정치를 소재로 한 드라마는 사람들을 몰입시키고 흥분하게 만듭니다. 우리는 상황을 한 번에 반전시키고 극적인 성공을 이루는 주인공에게 환호합니다. 주인공이 던진 승부수에 감탄합니다.

승부수란 '판국의 승패를 좌우하는 결정적인 수'로 정의됩니다. 한국기원 바둑용어사전에는 "국면의 열세를 만회하고자 두는 승부와 직결된 강수. 일반적으로 성공 여부에 따라 승패가 결정된다."라고 풀이되어 있습니다.

바둑에서 승부수를 던져보는 것은 대부분 판세가 불리할 때입니다. 상황이 그대로 진전되면 이기기 어렵다고 판단될 때 두는 수가 승부수입니다. 그래서 상황을 한 번에 역전시키는 승부수가 먹혀 들어가면, 사람들은 흥분하면서 자신의 처지 또한 한방에 역전시킬 승부수를 찾는 것입니다.

승부수, 과연 노려볼 만한 수일까요? 승부수를 던진 사람은 왜 그 수를 택했을까요? 판세가 유리했다면 결코 승부수를 던지지 않았을 것입니다. 승부수를 염두에 둔다는 건, 이미 상황이 불리하다는 것을 인정하는 것입니다. 위험을 감수하고 던지는 수가 바로 승부수이기 때문입니다. 그리하여 대부분의 경우 승부수는 무리수를 동반하고, 십중팔구는 그 무리수가 끝내 패착(敗着)으로 귀결됩니다. 패착은 그곳에 돌을 놓았기 때문에 결과적으로 바둑에서 지게 된 아주 나쁜 수입니다.

사실 승부수는 대부분의 경우 두지 않음만 못한 결과를 낳게 됩니다. 오히려 패배의 시간을 단축시켜 다른 시도를 해볼 수 있는 기회를 박탈합니다. 실제로 현실에서는 승부수가 거의 통하지 않기 때문에, 한 번의 승부수로 상황을 정리해 버리는 극적인 상황이 드라마의 소재가 되는 것입니다.

오랜 시간 투자의 세계에서 활동했던 사람들은 많이 느낄 겁니다. 한방에 몇 배의 수익을 바라는 사람보다, 꾸준히 작은 수익을 거두거나 분산 투자한 사람의 수익률이 훨씬 높다는 것을요.

한 번의 투자 실패를 만회하기 위해 시간의 텀도 두지 않고 재도전을 했을 때, 무참히 패배했던 경험이 생각날 겁니다. 본인은 직전의 손실을 만회하기 위한 승부수라고 여겼으나, 그것이 곧 무리수이고 패착이었음을 인정하게 됩니다.

물론 승부수가 통하는 경우도 있습니다. 그러나 요행수를 전제로 한 승부수는 반복적으로 통하지 않습니다.

노자는 『도덕경』에서 "勇於敢則殺(용어감즉살), 勇於不敢則活(용어
불감즉활)"이라고 했습니다. '일을 감행하는 데 용감한 자는 죽고, 감행
하지 않는 데 용감한 자는 산다'는 뜻입니다.

『도덕경』 73장은 이어 말합니다.

차량자혹리혹해 천지소악숙지기고 시이성인유난지
此兩者或利或害 天之所惡孰知其故 是以聖人猶難之
천지도불쟁이선승 불언이선응 불소이자래
天之道不爭而善勝 不言而善應 不召而自來
천연이선모 천망회회소이불실
繟然而善謀 天網恢恢疏而不失

이 둘은 같은 용기인데 때로는 이롭기도 하고, 해롭기도 하다. 하늘이
싫어하는 바, 누가 그 까닭을 알 수가 있겠는가? 그리하여 성인은 늘
일을 어렵게 생각하는 것이다. 하늘의 도는 다투지 않고도 잘 이기고,
말하지 않고도 잘 순응하게 하고, 부르지 않아도 스스로 오게 하고,
천천히 자연스럽게 일을 잘 도모한다. 하늘의 그물은 크고 너르지만
어느 하나 놓치는 법이 없다.

스마트스토어를 시작한 지 얼마 지나지 않은 초보자가 수천만 원
어치의 상품을 사입하는 경우를 종종 보게 됩니다. 사입해서 판매를 하
면 위탁으로 취급할 때보다 마진율을 높일 수 있고, 품절로부터 안정적
이라는 것이 이유입니다.

맞습니다. 직접 재고를 확보하여 판매하면 장점이 많습니다. 그러나 자금을 선투입할 때는 위험도 함께 감수해야 합니다. 내가 계획한 시점까지 목표했던 가격에 판매가 종료되지 않을 경우, 그 재고는 나의 비즈니스를 망가뜨리는 흉기로 돌변할 수 있음을 명심해야 합니다. 승부수를 던지며 큰 기회를 잡는 것보다, 큰 위험에 노출되지 않는 것이 중요합니다.

위탁 판매로 시작하여 수많은 경우의 수들과 부딪혀 실력을 충분히 쌓게 되면, 사입과 OEM 단계로 물 흐르듯 자연스럽게 진행됩니다. 실력은 아직 부족한데 일시에 큰 금액을 투입하여 사입한다면, 한 번의 실패가 오랜 시간의 고통을 만들어낼 수도 있습니다.

'결정적인 기회라고 생각되는 세 번의 기회를 흘려보내라'라는 말이 있습니다. 내가 실력을 충분히 쌓게 되면 사업의 규모를 키울 수 있는 기회는 얼마든지 옵니다. 그러나 실력이 부족한 상태에서 자신이 감당할 수 없는 큰일을 도모하다 보면, 스스로 그 함정에 빠질 수도 있습니다.

사업 하는 사람이 결정적인 기회라고 생각되는 일을 흘려보낸다는 게 말처럼 쉽지는 않습니다. 그래서 노자는 '勇於不敢則活(용어불감즉활), 즉 감행하지 않는 데 용감한 자는 산다'고 한 것입니다. 기회를 잡는 것만이 용기라고 생각하기 쉽지만, 사실은 기회를 잡지 않고 감행하지 않는 것이 더욱더 어려운 일이며 큰 용기라는 사실을 깨우쳐 줍니다.

감행하는 데 용감하여 승부수를 던진다면, 현실 세계에서는 대부분 패배로 귀결됩니다. 감행하지 않음에 용감하며 작은 일이라도 꾸준히 해나가는 것. 그래서 실력이 쌓여 물 흐르듯이 다음 단계로 진행되는 것. 그것이 곧 승부를 결정짓는 묘수(妙手)입니다.

epilogue

스마트스토어가 됐든 다른 비즈니스가 됐든, 어떤 일을 성공시킨 사람들에게 존재하는 공통의 분모를 찾아보고 싶었습니다.

제가 찾은 답은, 포기하지 않는 꾸준함과 무모하지 않음이었습니다. '무모하지 않다'는 말을 '도전적이지 않다'라는 말로 곡해해서는 안 됩니다. 도전은 내가 해야 할 일을 두려워하지 않고 정면으로 맞서는 것이며, 무모함이란 앞뒤를 잘 헤아려 깊이 생각하는 신중성이나 꾀가 없음을 이르는 말입니다. 도전하되 무모하지 말아야 합니다.

2013년, 이름만 대면 누구나 알 수 있는 대기업의 식자재 전문 회사에 한우고기를 납품하는 사업권을 획득했습니다. 한 달에 10억 원 정도의 매출이 예상됐습니다.

그러나 기쁨도 잠시, 불량식품과의 전쟁을 선포한 정부에서 대대적인 식품업체 단속에 나섰습니다. 저의 거래처가 냉장 소고기를 냉동으로 임의 변경하여 유통기한을 연장한 건이 적발되어 공영방송의 9시 뉴스에 나오면서 납품이 무산되었습니다.

거래처를 바꾸어 재도전했고, 상품성과 가격 등 어려운 서류심사를 모두 통과했습니다. 현장을 방문한 납품처의 QA 직원이 "이제 모든 과정은 마무리됐으니 현장이나 잠깐 들러보시죠" 하며 냉동고를 열어본 순간, 또다시 사업이 좌절됐습니다. 냉동고 안에서 냉장 표기된 한우고기 한 덩어리가 발견됐기 때문입니다. 냉장과 냉동을 분리 보관해야 한다는 규정을 어긴 겁니다.

고기를 썰 때 냉장고기를 한 시간 정도 냉동고에 넣었다가 썰면 칼이 잘 들어가기 때문에 현장 직원들이 주로 쓰는 방법입니다. 그러나 국내에서 최고로 까다롭다는 그 납품처의 QA 직원에게 해명해 봐야 통할 리 만무했습니다.

절망적이었습니다. 수많은 난관을 극복하고 준비한 일이 마무리 단계에서 어이없는 일로 무산되는 경험을 여러 번 겪으며, 사업 의지는 소멸되어 갔습니다. 그때 접한 글이 이 책 제3장에 나오는 『맹자』「고자하」 15장과 16장에 나온 글귀였습니다.

"하늘이 장차 사람에게 큰일을 맡기려 할 때는, 반드시 먼저 그의 마음을 괴롭히고, 몸을 지치게 하며, 배를 굶주리게 하고, 생활을 곤궁하게 하여, 행하는 일이 뜻과 같지 않게 한다."

우리나라 대형 온라인 쇼핑몰에 생수와 음료를 납품하는 사업을 수년째 하고 있었습니다. 상품을 팔레트에 적재하여 납품해야 하는 작업이어서 직원이 15명까지 늘어난 상태였습니다. 갑자기 어느 날 납품처의 담당 직원이 전화를 걸어와, 제조사와 직접 거래하게 됐으니 다음 달부터 납품을 중단하라고 통보했습니다.

15일 만에 월 6억 원 정도의 납품 거래처가 사라지고, 현장 직원을 정리하는 데는 1년이 걸렸습니다. 경영은 극도로 악화되었고, 제 비즈니스 인생에서 가장 고통스러운 암흑의 터널이 기다리고 있었습니다.

그때 저의 손을 잡아준 사람들이 있었습니다. 상품 대금이 밀려도 기다려준 고마운 거래처 사장님들이었습니다. 저는 그분들의 은혜를 죽을 때까지 잊지 못할 것입니다.

제3장의 〈무엇을 남길 것인가〉는 그때 제 손을 잡아주신 거래처 사장님들을 생각하며 쓴 글입니다.

2019년 황사와 미세먼지가 심해지면서 KF94 마스크 시장이 급성장했습니다. 마스크를 사입하면 큰돈을 벌 것 같아서 많은 자금을 투입해 마스크를 사입했습니다. 그러나 끝물이었습니다. 계절이 바뀌면서 날씨는 청명해져 갔고, 황사는 온데간데없이 사라졌습니다.

재고는 창고에 쌓여 현금 유동성을 악화시키는 주범으로 자리 잡았습니다. 현금을 확보하기 위해 원가 이하인 400원에 판매가를 책정하여 쇼핑몰에 내놓았지만, 아무리 싸게 팔아도 이미 매기가 끊긴 마스크는 팔리지 않았습니다. 창고에 들러도 일부러 마스크 쪽은 쳐다보지도 않으며 잊고 지냈습니다.

그로부터 1년 후 2020년 2월, 갑자기 마스크가 반나절 만에 모두 품절되었습니다. 현금 유동성을 확보하게 됐다는 생각에 뛸 듯이 기뻤습니다.

그날 이후 마스크는 천정부지로 가격이 올라 5천원까지 뛰었습니다. 코로나19가 우리나라를 엄습해 마스크가 품귀 현상이 일어나던 바로 그 시기입니다. 며칠만 더 갖고 있었으면 큰돈을 벌었겠지만 저는 400원에라도 팔린 것을 감사하게 생각했습니다. 무모한 사업에 대한 뼈저린 반성의 시기였습니다. 그때를 회상하며 쓴 글이 제3장의 〈진정한 승부사〉입니다.

사실 이 책에서 예시한 상당수의 사례는 저의 이야기입니다. 승리가 확실히 보장되지 않은 전투는 어명까지 거역하며 나서지 않았던 이순신 장군의 이야기나 자금 회수의 가능성이 반반이라면 안하는 것이 정답이라는 깨우침도, 여러 번의 손실을 보고 나서 얻은 교훈을 적은 것입니다.

진입 장벽이 없는 탓에 수많은 사람들이 스마트스토어를 통해 비즈니스를 시작합니다. 그러나 쉽게 시작할 수 있는 반면 쉽게 포기하기 일쑤입니다. 사실 스마트스토어가 됐든 다른 사업이 됐든 성공의 법칙은 한결같습니다. 우연한 성공은 없습니다.

절망적인 어려운 시기를 견뎌낼 굳건한 사업 의지와 자신의 나태함을 꾸짖고 해야 할 일을 뒤로 미루지 않는 꾸준함이 있어야 합니다. 그리고 성과가 나왔을 때 감사하게 생각하고, 앞으로 닥칠 위기를 대비할 수 있는 혜안이 필요합니다. 이런 것들을 가능하게 해주는 것이 저는 인문학적인 소양이라고 생각합니다.

이 책은 스마트스토어 운영 기법에 한정하여 쓴 것이 아닙니다. 비즈니스맨을 꿈꾸는 모든 분들과 함께 고민해 보고자 하는 소통의 장이며, 저의 사업 과정에 대한 반성이자 초보 셀러들이 저와 같은 실수를 반복하지 않기를 바라는 간절함의 소산입니다.

이 책이 '스마트스토어 비즈니스를 성공시켜 나가는 일은, 운영 기술을 뛰어넘어 자신의 철학적 가치 체계를 완성시켜 나가는 과정'이라는 작은 울림이 되기를 기원합니다.

조재상

스마트스토어 성공의 조건

구미호 100일 작전

초판 1쇄 발행 2021년 4월 26일

지은이 조재상

펴낸이 김제구
펴낸곳 리즈앤북
인쇄·제본 한영문화사
출판등록 제2002-000447호
주소 04029 서울시 마포구 잔다리로 77 대창빌딩 402호
전화 02-332-4037 **팩스** 02-332-4031
이메일 ries0730@naver.com

값은 뒤표지에 있습니다.
ISBN 979-11-90741-14-9 (13320)